# 秋田・八郎湖畔の歴史散歩

佐藤晃之輔

秋田文化出版

## はじめに

　昭和45年、私は第4次入植者として大潟村に移った。まだ28歳の青年だった。以来時が流れ、来年（新元号元年）11月には入植50周年記念式が予定されている。

　半世期近くも暮らしてきたので、何回となく湖畔を通ってきたが、それはただ通り過ぎるだけであり、特別な用事でもなければ集落内に入ることはなかった。まして近年はほとんどバイパス道路が開通しているのでなおさらである。

　76の齢を重ね、私はそれまでやってきた県内巡りをやめることにした。とは言っても長年染み付いた習慣は抜けず、ついハンドルを握ってしまう。最初はドライブ気分で湖畔を回っていたが、走っているうちに色々なものが目に入ってきた。縄文遺跡、古い石仏、文化財、古木など今まで私の知らなかった世界に強く心が引かれた。そしてドライブから次第に調査へと変っていった。

　この2年間走り回った湖畔の数々を形にしたいと思い、歴史散歩という名で今回発行することにした。門外漢の私が著すことは、身の程をわきまえない行動と失笑を買うかもしれないが、湖畔の歴史に触れる糸口になることができれば幸いである。

# 秋田・八郎湖畔の歴史散歩 ＊ 目　次

- はじめに ……………………………………… 1
- 湖畔周辺マップ・ガイド図 ……………… 4
- 1章　歴史散歩通し編 ……………… 11
  - **男鹿市を巡る** ……………………………… 12
    大潟村に架かる6橋について／五明光地区／
    宮沢地区／野石地区／福米沢地区／
    木内、松木沢地区／道村、鵜木地区／
    角間崎地区／福川地区／払戸渡部地区／
    払戸小深見地区／百川、樽沢地区／浦田地区／
    飯ノ森地区／大倉地区／脇本城とその周辺／
    船越地区
  - **潟上市を巡る** ……………………………… 35
    天王地区／塩口、羽立地区／大崎地区／
    大久保とその周辺／下虻川地区／和田妹川地区／
    飯塚地区
  - **井川町を巡る** ……………………………… 43
    井川さくら駅近辺／坂本、新間地区／今戸地区
  - **五城目町を巡る** …………………………… 46
    大川中心地区／石崎、谷地中地区／上樋口地区／
    五城目本町とその周辺／岡本、野田地区
  - **八郎潟町を巡る** …………………………… 50
    一日市、川崎地区／夜叉袋、小池地区／
    真坂、浦大町地区／三倉鼻周辺

三種町を巡る ……………………………… 57
　　　天瀬川地区／鯉川地区／鹿渡地区／二ツ森地区／
　　　川尻地区／鵜川地区／大曲地区／
　　　浜田、大口地区／芦崎地区

　　大潟村を巡る ……………………………… 67

2章　歴史散歩部門別編 ……………………………… 69
　①資料館・展示室 ……………………………… 70
　②湖畔の三山 ……………………………… 76
　③河川と渡し ……………………………… 79
　④遺跡（原始） ……………………………… 84
　⑤遺跡（古代、中世） ……………………………… 98
　⑥板碑 ……………………………… 104
　⑦中世の城跡・館跡 ……………………………… 110
　⑧神社 ……………………………… 116
　⑨寺院 ……………………………… 136
　⑩遺構、文化財 ……………………………… 150
　⑪古木、巨木 ……………………………… 154
　⑫石碑、石造物 ……………………………… 166
　⑬湖畔にある公園 ……………………………… 183

3章　湖畔を訪れた文人の足跡 ……………………… 187

4章　湖畔余話 ……………………………… 203

　参考文献及び引用資料 ……………………………… 223
　あとがき ……………………………… 226

国土地理院ウェブサイト（https://maps.gsi.go.jp/#14/39.957649/139.984102/&base=std&ls=std&disp=1&vs=c1j0h0k0l0u0t0z0r0s0f1）をもとに作成

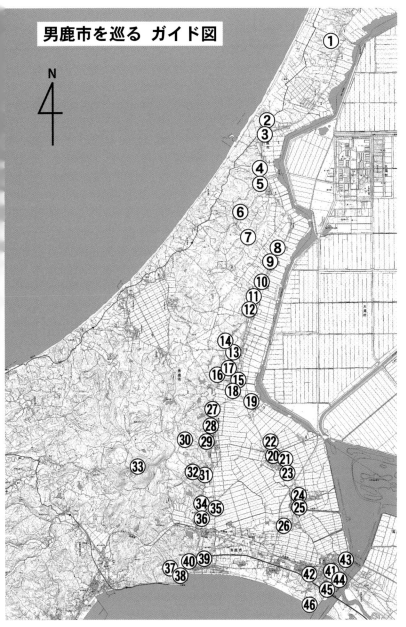

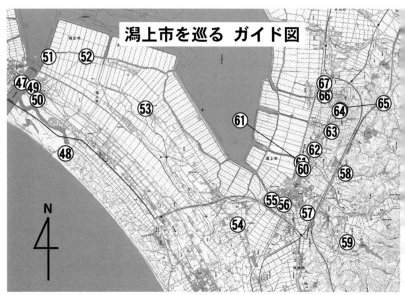

国土地理院ウェブサイト（https://maps.gsi.go.jp/#16/39.883973/140.034356/&base=std&ls=std&disp=1&vs=c1j0h0k0l0u0t0z0r0s0f1）をもとに作成

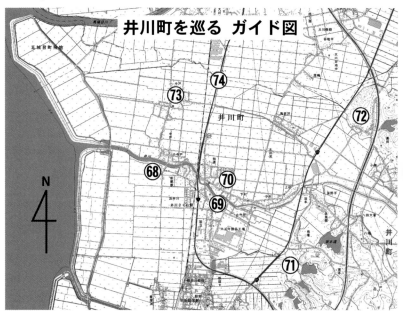

国土地理院ウェブサイト（https://maps.gsi.go.jp/#17/39.925107/140.082765/&base=std&ls=std&disp=1&vs=c1j0h0k0l0u0t0z0r0s0f1）をもとに作成

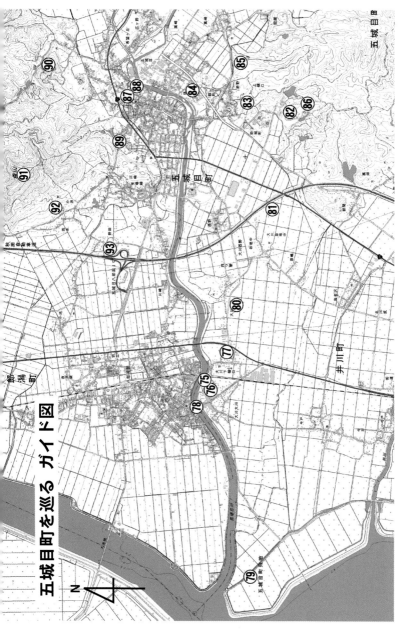

国土地理院ウェブサイト（https://maps.gsi.go.jp/#16/39.943535/140.095124/&base=std&ls=std&disp=1&vs=c1j0h0k0l0u0t0z0r0s0f1）をもとに作成

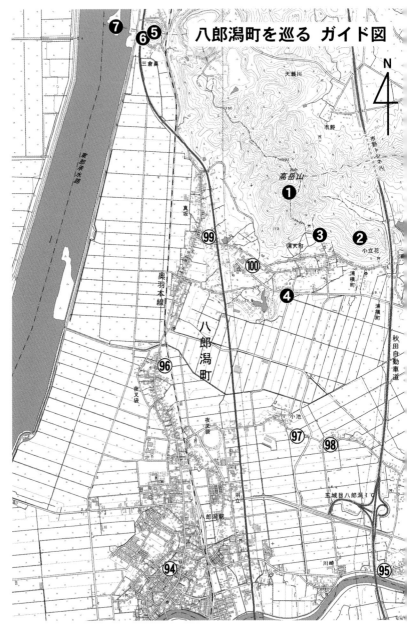

# 三種町を巡る ガイド図①

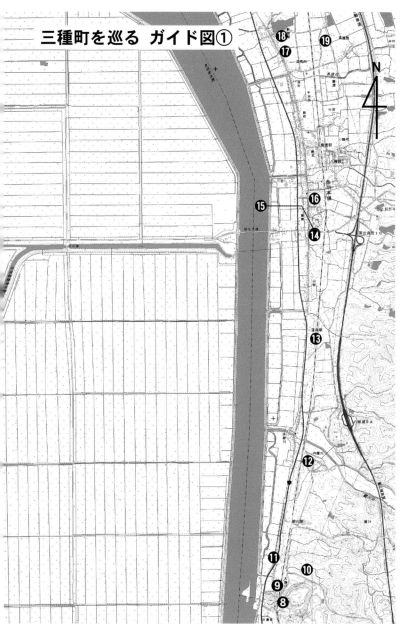

国土地理院ウェブサイト（https://maps.gsi.go.jp/#16/40.031163/140.078430/&base=std&ls=std&disp=1&vs=c1j0h0k0l0u0t0z0r0s0f1）をもとに作成

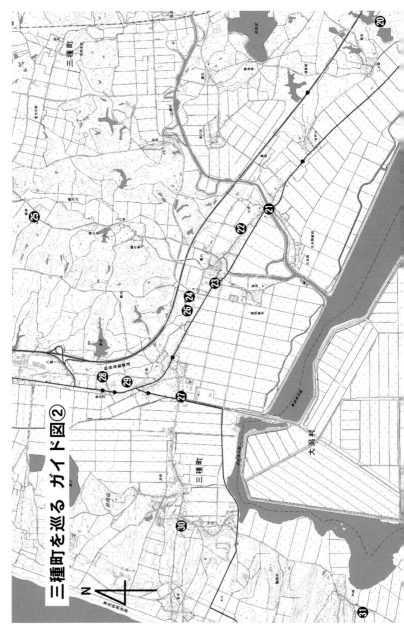

国土地理院ウェブサイト（https://maps.gsi.go.jp/#17/40.093594/139.999702/&base=std&ls=std&dis=1&vs=c1j0h0k0l0u0t0z0r0s0f1）をもとに作成

# 1章　歴史散歩通し編

　大潟村干拓博物館から県道42号線（男鹿八竜線）を5kmほど北上すると、左手に五明光橋が見えてくる。この橋は山本郡と南秋田郡（男鹿市）の境界になっている。橋を渡って直進すると県道54号（男鹿能代線）と交差する。家並みが続き、同一集落のように見えるが、左側が五明光集落（男鹿市）、右側が追泊集落（山本郡三種町）で郡市が違っている。日常顔を合わせている隣家なのに、行政区が違うのは珍しいことである。

　この歴史散歩は、ここを出発点にして反時計回りに湖畔の各地を訪ねることにする。

# 男鹿市を巡る

## 大潟村に架かる6橋について

　スタートする前に、五明光橋を含めた大潟村の橋について説明したい。八郎潟干拓によって大潟村が誕生したのは昭和39年10月1日である。湖の真ん中を干拓したので、周囲は西部承水路、東部承水路、八郎湖（八郎潟調整池。以下八郎湖と記載）としてかつての八郎潟が残っている。つまり、大潟村は"島"のような地形になっている。湖畔と大潟村を結ぶのは六つの橋であり、五明光橋はこの一つである。長さが約40mで昭和39年に完成した。

　ほかの5橋は、「野石橋」（昭和38年完成、長さ約40m）、「祝田橋」（同39年完成、長さ約40m）、「潟端橋」（同40年完成）、「新生大橋」（同37年完成、長さ435m）、「大潟橋」（同40年完成、長さ493m）である。

左が五明光、右が追泊集落

## 五明光地区

　五明光集落は下五明光と上五明光の二つの地区に分かれている。昔は下五明光が集落の中心であったが、戦後、県道沿いの上五明光に住宅を建てる人が増加し、現在はこちらが中心地になっている。上五明光にある五明光朋友館（地区会館）付近には、かつて野石小学校五明光冬季分校（昭和42年閉校）があった。

　この集落で是非寄りたい場所は、下五明光にある稲荷神社[1]である。バス停から400mほど日本海方向に入った所にあり、家紋を描いた天井の絵が素晴らしい。駐車場がないので、車の乗り入れには注意してほしい。

五明光稲荷神社の天井の絵

### 宮沢地区

　五明光から県道を3kmほど南下すると、右側に玉の池集落がある。昭和12年に40戸が入植して開墾された集落である。整然と区画された住宅地は湖畔では見られない光景である。

　玉の池、中山を過ぎ、釜谷地集落に入ると右手に延びる広い道路があり、宮沢海水浴場に通じている。海水浴場の手前に**若美ふるさと資料館**②があり、考古遺物と農具、漁具などが展示されている。

　県道に戻ってバス停・宮沢海岸入口（夕陽温泉ＷＡＯ入口）から右に分岐した直後に**義民・佐藤弥惣右衛**

**門の碑**③がある。

　宮沢集落の中ほどのＳ字カーブを曲がり終えると右手の高台に**眺江寺**（曹洞宗）④がある。寺院の入り口の近くには、享和２年（1802）に日本地図作成のため測量で訪れた伊能忠敬が宿泊した榮田嘉右衛門家がある。

　右手にある野石小学校跡（平成27年閉校）を抜けると野石信号機があり十字路になっている。左が大潟村、右が申川油田方向である。

佐藤弥惣右衛門の碑

## 野石地区

野石信号機から南が野石地区になり、右手の高台に共同墓地が広がっている。墓地の後方の台地は縄文中期の**才の神遺跡**⑤である。現在は、ＪＡの集荷施設や操業を停止した縫製工場跡になっている。

野石集落の外れから右手に分岐して２km近く進むと八ツ面(やつおもて)集落がある。集落の入り口に、目の神様として信仰されている**荒神社**(こう)⑥があり、境内には市指定保存樹のイチイの古木が生えている。この集落の加藤金吉氏（故人）は、昭和34年に米作り日本一に輝き、福田赳夫農林大臣から表彰された。同家の敷地内には

八ツ面集落

「日本一賞」の記念碑が建てられている。

集落の左手に延びる農道は福米沢(ふくめざわ)方向に通じている。途中に平安時代の窯跡・**海老沢遺跡**⑦がある。

### 福米沢地区

県道に戻って赤坂、土花の集落を通り福米沢へ進むと、右手の高台に潟西中学校が建っている。坂道を上り切り校地に近付くと、左手に市指定保存樹の**八卦(はっけ)の松**⑧がそびえている。八卦とは、この場所の地名である。校舎は大潟村や湖東方面が一望できる好環境に所在している。

バス停・福米沢付近から右に80mほど入ると**熊野**

福米沢熊野神社境内のイチョウ

神社⑨がある。境内にはイチョウとケヤキの大木がありともに市保存樹に指定されている。神社から500mほど北方にある共同墓地には3本のケヤキの大木が生えており、これも市指定保存樹である。

## 本内、松木沢地区

福米沢を過ぎると本内である。集落の中ほどから右側にやや入ると星辻神社⑩がある。この神社の境内には市指定保存樹のイチョウの大木がある。

本内を抜けると松木沢になる。集落の入り口に松木沢町内会館があり、隣地に日枝神社⑪がある。鳥居のそばに、天保年号の庚申塔など数基の石塔がある。

## 道村、鵜木地区

松木沢から道村に入ると左側に美里小学校、右側の高台に室町時代末期の開創という永源寺（曹洞宗）⑫がある。永源寺には南北朝時代の大きな板碑があり、江戸後期の紀行家・菅江真澄は『男鹿の秋風』でこれに触れている。

道村を抜けると信号機があり、直進して鵜木集落に入ると左側に鵜木文化交流館（地区会館）があり「菅江真澄の道」の標柱が立っている。道路向かいの高台に享和2年に伊能忠敬が宿泊した大淵常右衛門家がある。この2年後には菅江真澄が宿泊して、大淵家の案

道村永源寺境内の板碑

内で「滝の頭の湧水」(男鹿市箱井字滝ノ台)を訪れている。

集落の南外れから右に分岐して若美中央公園(球場、体育館)方向に200mほど進むと、左側に**稲荷神社**⑬がある。平成29年10月に社殿を改修し、入り口に神社の由来板を設置した。境内に生える杉の巨木は推定樹齢400年といわれ市指定保存樹である。

坂道を体育館方向に上って行くと、右手に市営住宅

鵜木団地がある。この付近一帯は縄文中期の**中角 境〔なかつのざかい〕遺跡**[14]の場所とされるが、開発により地形が大きく変わってしまったようだ。

鵜木稲荷神社境内の杉の巨木

### 角間崎地区

　角間崎〔かくまざき〕に入ると左側に市役所若美支所があり、二階が**男鹿市ジオパーク学習センター**[15]になっている。専従職員がいるのでより多くの人たちの活用を望みたい。

角間崎貝塚付近

　角間崎には秋田県を代表する二つの遺跡がある。一つは縄文時代の**角間崎貝塚**[16]で、県内で１、２といわれる古い土器が発掘されている。もう一つは、弥生時代の**志藤沢遺跡**[17]で、籾痕のある土器が発見された。

　貝塚は、五里合方向に延びる道路の途中にある市営住宅角間崎団地付辺とされる。また、志藤沢遺跡は若美球場の駐車場後方の小山であるが、藪のため通れないので、山田内科医院跡の向かいにある小路を進んで至る。ちょっと分かりにくい場所である。どちらも重要な遺跡であるが、標柱も説明板も設置されていない（昭和年代に旧若美町が木製の角柱を建てたようだが、腐食して残っていない）。市教育委員会は「男鹿半島・

大潟村ジオパーク」の活動の一環として数カ所に説明板を設けているので、この場所にも早期に設置を望みたい。

角間崎集落の南外れの**稲荷神社**⑱の境内には、市指定保存樹のクロマツがある。

角間崎を過ぎると十字路になっており、右が五里合方面、中央が脇本方面、左が払戸・船越方面である。まず、左折して払戸地区の小深見まで訪ね、その後、この場所に戻って脇本地区を訪ねたい。

## 福川地区

福川集落は県道から左にややそれている。ここには**福昌寺**(ふくしょうじ)（曹洞宗）⑲と山神社があり、どちらにも南北朝時代の板碑(いたび)が複数存在すると郷土史の本に載っているが、一般の人には確認できない状況なので、標柱がほしいものだ。

集落内を巡ると、宅地内に古木が生えている家がある。鈴木家のケヤキ、吉田家の松（市指定保存樹）は見事である。

## 払戸渡部地区

渡部地区は、通称・長根(ながね)と呼ばれた所で、200年ほど前に渡部斧松(おのまつ)が開拓したことに因み渡部村になったようである。だが、現在も長根と呼ぶ人が多く、バ

ス停の名称は長根になっている。地区には、**渡部斧松翁住居跡**[20]、**渡部神社**[21]、斧松翁の墓地がある**向性院**(臨済宗)[22]があり、翁に関するものが多い。

　住居跡は信号機の近くにあり、門と白壁の蔵が残っている。門の前には、渡部村村法碑が建っている。隣地の払戸小学校跡地に車を置くことができる。向性院は住居跡の北方、渡部神社は南方向にある。神社は入り口から約200mの長い参道を進んだ所に建っている。

　集落の南外れには、旧払戸村長を長年務めた**中田五平翁**[23]の大きな彰徳碑がある。

渡部斧松翁住居跡

## 払戸小深見地区

払戸観光案内所のある十字路を真っすぐに進むと小深見地区になる。バス停・小深見付近から左の小路を200mほど入ると、左側に市指定文化財の**神明社**[24]、右側には**峰玄院**(ほうげんいん)(曹洞宗)[25]がある。集落の南外れには、明治初期に塾を開き教育向上に尽くした木元順治の彰徳碑が建っている。

バス路線に戻り、小深見川に架かる琴浜橋を渡って右方向に進むと、県道42号線に交差する。信号機の手前に若美払戸団地(新興住宅地)があり、付近一帯は**横長根A遺跡**[26]の場所とされ、前述した志藤沢遺跡

横長根A遺跡の説明板と近辺

と同様、秋田県の稲作の始まりを知るうえで貴重な遺跡である。住宅地の一画に造られた小公園に、男鹿市教育委員会が設置した説明板がある。

　ここで、前述したように角間崎の十字路に戻って脇本地区を巡りたい。近年田んぼの中にバイパス道路が開通しているが、集落内に入って昔ながらの道を歩むことにする。

### 百川、樽沢地区

　百川地区に入るとバス停・滝ノ頭口があり、右手の道路を上って行くと、寒風山山麓農道に交差し、近くに滝の頭湧水がある。

　バス停から少し進むと、右側に**寶光院**（臨済宗）[27]がある。境内には十数本の杉の大木がそびえ、古い石仏群もあり歴史の深さを感ずる。

　集落の南外れの右側に**八幡神社**[28]があり、社殿は石段を上った小高い所に建っている。入り口には多くの石碑が並んでいる。その中には明治20年建立の鶏卵供養碑という珍しいものがある。

　百川を抜けると樽沢地区になり、岡谷地と刈沢の2集落がある。岡谷地の中ほどから右に入った**中山神社**[29]の入り口に生えるイチョウの大木は、市指定天然記念物で推定樹齢400年という。境内には、昭和12年に神社内で集会していた地域住民が屋根の倒壊によ

樽沢立石の人丸大明神

り死亡した人たちを追悼した殉難者慰霊碑が建っている。神社のやや北の市道は、寒風山山麓農道に通じており、1km余り進んだ山中（杉林）に高さ約4mほどの**人丸大明神の石神**[30]がある。一枚岩に刻まれたもので、湖畔ではこのような大きい石碑はほかに見られない。

　刈沢の外れには、百川、樽沢、浦田地区の子供たちが通った脇本第二小学校跡（平成19年閉校）がある。校舎がそのまま残り、男鹿市歴史資料収蔵庫として活

用している。

### 浦田地区

　浦田に入ると、まもなく市指定文化財の**三輪神社**[31]がある。神社の山手の台地には、古くから「マンダラ堂」と呼ばれている中世の**五輪塔群**[32]がある。付近は昭和30年代まで浦田地区の畑であったというが、作業道は廃れており、寒風山山麓農道沿いにある老人ホーム「偕生園」から下ると杉林の中に説明板が建っている。

　浦田を抜けると、寒風山入口の信号機があり、右折すると**寒風山**[33]に至る。

浦田三輪神社

## 飯ノ森地区

　信号機を直進すると、まもなく右側に**宗泉寺**（曹洞宗）㉞がある。道路の脇に南北朝時代の板碑が並んでおり、100mほど参道を進んだ所に寺院がある。境内に入ってすぐ左側にサルスベリの古木（樹齢300〜400年）があり、隣に三十三所観音碑が並んでいる。

　寺院から少し進むと左側に飯ノ森公民館があり、付近一帯は平安時代の埋没家屋跡・**小谷地遺跡**㉟とされる。

小谷地遺跡付近

## 大倉地区

　大倉地区で寄りたい所は、**三嶋神社**と**延命寺**㊱である。どちらも小山の上の台地に位置し、近接しているが、入り口は別々になっている。

　神社は、鳥居から狭くてきつい勾配の石段を60mほど上って社殿に至る。湖畔では一番急勾配の感じがする。石段の両側にそびえる杉の大木と、入り口にある古い石碑に歴史を感ずる。

　延命寺には車の通行が可能だが、寺門をくぐってからはきつい坂道になる。山頂は広い台地になっており、境内には墓地が広がっている。入り口にある「銀杏庵」の建物には木彫りの仏像が数十体納められている。満州開拓団の慰霊碑も貴重な歴史証言である。

## 脇本城跡とその周辺

　湖畔からはやや離れるが、ここで中世の城館・**脇本城跡**（国史跡）㊲まで足を運ぶことにする。城主の安東愛季（ちかすえ）（1539〜1587）は織田信長と交流を持ち、秋田県の中央部、県北部の実権を握っていたため、湖畔のすべての城主・館主はこの支配下にあり、安東氏抜きでは語ることができないのである。

　国道101号に出て船川方向に進むと、右手に脇本城跡の大きな看板が見えてくる。山腹の無人案内所ま

脇本城址内館付近

で車で行けるが、道路が狭いうえ、勾配もきついので一般車は看板のある駐車場に車を置いて歩いていくと無難である。

坂道を300mほど上ると**菅原神社**㊳に到着する。脇本城の鎮守であったという歴史を持つ神社である。境内には天神様の祠堂があり、その前に樹齢400年以上という細葉の椿（ヤブツバキ）が生えている。

案内所を抜け、さらに250mほど上ると内館になる。日本城郭協会（東京）の「続日本100名城」に選ばれているだけあって台地が広がり歴史ロマンを感ずる。

安東氏の菩提所は国道101号沿いにある**萬境寺**（曹洞宗）㊴である。右手の案内板から山手に上ると本堂

が建ち、愛季が植えたという推定樹齢450年の二股のモミの大木が境内に生えている。すぐ近くにある**本明寺**(ほんみょうじ)(曹洞宗)⑩にも足を運びたい。本堂の前にある高さ5ｍの宝筐印塔(ほうきょういんとう)（供養塔）は湖畔では最大である。境内の左手にある鎮守堂も年代物である。

萬境寺境内の二股のモミ

本明寺境内の宝筐印塔

## 船越地区

　脇本から国道を一気に直進して船越へと進む。船越はかつて海岸寄りの一向地区にあったが、元亀年間(げんき)（1570〜73）に現在地に移ったとされる。八郎潟干拓に伴い船越水道をショートカットした際、井戸跡が数基見つかり、その一つを一向井戸遺跡として保存したようだが、現在は何も残っていない。

　この街の特徴は、**龍門寺、円応寺、善行寺、善昌寺、清松寺、堯林院(ぎょうりん)**の６寺院[41]が隣接して建っていることである。巨木、三十三所観音碑、古い石仏などが多くあり、じっくり歴史に浸ることができる。

　国道101号寄りに**神明社**[42]、防潮水門*寄りには**八龍**

船越八龍神社

神社㊸がある。神明社一帯はクロマツに覆われ「船越近隣公園」として地域の憩いの場になっている。公園内には、昭和8年に船越・天王の青年団員21人が八郎潟の湖上で遭難した霊を弔った慰霊碑がある。八龍神社には魚の供養碑が多く建てられており、市指定有形民俗文化財になっている。

　駅前にある本町は、幕末期に海岸線防備の目的で新しく武士になった人たちを藩内から十数名集めて形成された士族の区画であったが、転出や転入により今ではそれを語る人も少なくなっているようである。

　仲町の船越公民館の場所は江戸期に郡方役所が置かれたとされ、**お役屋の松**㊹が面影をとどめている。敷地には江戸末期に絹篩（きぬぶるい）を編さんした鈴木重孝翁文勲碑と明治期に船越の発展に尽くした太田政光翁頌徳碑が建っている。

　国道101号の男鹿大橋のやや北寄りには、天保の飢饉（ききん）（俗に巳年（みどし）のケカチ）で亡くなった人たちを供養した**招魂碑**㊺が立つ小山がある。大橋の脇から船越水道沿いの道路を海岸方向に進むと、太平洋戦争中に敵機や敵船を見張りした**防空監視施設**㊻がそのまま残っている。その隣地には一向石碑群（魚類供養塚、ハタハタ供養塚）がある。

　＊防潮水門＝八郎湖に海水が流入しないようにした水門

お役屋の松

# 潟上市を巡る

## 天王地区

　船越水道に架かる八竜橋は、船越と天王を結ぶ橋である。この水道に橋が架かったのは明治11年（1878）で、それ以前は渡し場があり船による通行だった。菅江真澄は『男鹿の秋風』で、**雄潟の渡し**[47]と述べている。船越側に説明板が建っている。現在の船越水道は昭和39年に八郎潟干拓に伴ってショートカットされて直線になっているが、以前は江川集落の西方を蛇行して日本海に注いでいた。旧水道は江川漁港として利用されているが、**銚子口**[48]と呼ばれた河口付近は土砂が堆積し閉ざされている。

　橋を渡り三差路を直進すると**自性院**（曹洞宗）[49]、右折すると**東湖八坂神社**[50]がある。自性院には室町期の五輪塔（市指定文化財）や八大龍王の古い石造物がある。八坂神社は「牛乗り」と「蜘蛛舞」の古代神事が伝承され、「統人行事」として国の重要無形民俗文化財になっている。境内には市天然記念物のケヤキの巨木やサイカチの群生林がある。

東湖八坂神社

## 塩口、羽立地区

　八竜橋を渡り終えた直後に左折して堤防沿いの道路を一向球場方向に進み、さらに走ると天王西排水機場がある。この南側に**ボラ供養塔群**[51]があるが、排水路があって通れないので引き返して狭い農道を進んで訪れることになる。

　塩口の集落に入ると、塩口の古井戸跡と**大漁供養碑**（いずれも市文化財）[52]がある。

ボラ供養塔群

## 大崎地区

　大崎は戸数200戸ほどの大きな集落で、中ほどにある諏訪神社の境内には餅膚の**秋田杉**(市天然記念物)㊳が生えている。社内には明治41年奉納の氷下引網漁の絵馬が掲示されている。

## 大久保とその周辺

　大崎から白洲野、野村を抜け、国道101号のガードをくぐった直後の信号機から右折して天神下集落に向かうと、左方向に「人面付環状注口土器」(国重要文化財)が発見された**狐森遺跡**㊴の説明板がある。

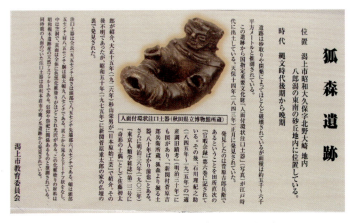

「人面付環状注口土器」が入った説明板

　引き返して大久保本町に入り、郵便局前の小路を馬踏川(ばふみがわ)方向に進むと**月山神社**⁽⁵⁵⁾があり、境内には樹齢300年を超える2本のケヤキの大木がそびえている。川のほとりにあった**圓福寺**(えんぷくじ)（臨済宗）⁽⁵⁶⁾は、ＪＲ奥羽本線方向に移転した。本尊は、脇本城主安東氏が代々所有していた釈迦三尊仏という。

　ＪＲ大久保駅入り口の信号機を右折して国道7号方向に進むと、元木山公園内に**八郎潟漁撈用具収蔵庫**⁽⁵⁷⁾があり、国重要有形民俗文化財の漁労用具を多く展示収納している。下方にあった歴史民俗資料館は傷みが激しく、残念ながら平成28年に解体された。

　国道7号に戻ってやや北進し、豊川竜毛信号機から右折して県道229号線を直進すると槻木地区になる

潟上市郷土文化保存伝習館

　が、その前に左折して山田集落を訪ねたい。ここは聖農・石川理紀之助翁の住居が今も残り子孫が生活している。住居の隣には、**潟上市郷土文化保存伝習館**[58]が建ち、翁の遺品を展示している。背後にある諸建物、墓所など一帯は県史跡に指定されている。

　県道229号線に戻って槻木地区に進み、「豊川油田」の看板から右に入って行くと、平成13年に生産を停止した**豊川油田**[59]がある。ここから出た天然アスファルトの付着物は、県内各地の遺跡から発見されている。東北石油㈱の事務所内に展示室がある。

## 下虻川地区

　県道 104 号線（羽州街道）に戻り、ＪＲ大久保駅入口を過ぎるとまもなく下虻川になり、上丁、中丁、下丁と家並みが続いている。上丁の豊川橋のたもとには、昔、付近の若者たちが力試しをしたという「**姉コ石**」[60]がある。近くの川沿いにある**神明社**[61]は２代藩主佐竹義隆公の創建とされ、殿様お手植えのケヤキの巨木がそびえている。下丁の高台には**東伝寺**（曹洞宗）[62]があり、本堂の色彩豊かな天井絵が素晴らしい。広大な裏山にはケヤキ、ナラなどの大木が茂り、その中に墓地が続いている。

下虻川神明社境内のケヤキの巨木

## 和田妹川地区

　和田妹川の信号機を右方向（県道104号線）に進むと和田妹川地区になる。ここでは**神明社**⑥³に寄りたい。集落の中ほどのバス停・金山入口付近から右折して進むと、右方向に大きな木が見えてくる。神明社の鳥居の脇に生えるモミの大木で、推定400年とされる。神明社は石段を上った高台にある。自動車道方向の大宮沢には中世の鬼王館跡がある。これと関連した館跡に鷲尾館、築掛館がある（城跡、館跡を参照）。

## 飯塚地区

　和田妹川を抜けると飯塚入り口の三差路があり、**神明社**⑥⁴と開得寺（臨済宗）が隣地になっているので、寺院脇の駐車場に車を置いて一緒に見学できる。神明社は長い石段を上った台地にあり、社殿の隣に建つ**観音堂**⑥⁵は国指定重要文化財である。神明社と開得寺の中ほどに十王堂と地獄絵図保管庫がある。中に収納されている仏像と絵図は、ともに市指定文化財である。春分の日と秋分の日に一般公開している。開得寺は、昭和13年に小玉醸造株式会社の創始者・小玉友吉が開創した新しい寺院である。

　左に折れて飯塚の街並みに入ると、上町に国指定重要文化財の**小玉家住宅**（小玉醸造の創業家）⑥⁶がある。

飯塚神明社の観音堂

下町のあかしや児童公園の隣にある墓地には、天保飢饉で、餓死や病死した人を供養した**萬霊塔**[67]や宝篋印塔などがある。

# 井川町を巡る

## 井川さくら駅近辺

　国道7号の浜井川信号機から左折するとJR井川さくら駅、右折すると浜井川の街並みになる。駅の西方向の新屋敷集落の墓地付近には、人魚供養札が出土した**洲崎遺跡**[68]がある。引き返して浜井川に入ると、御伊勢堂の境内には推定樹齢270年という**ケヤキの大木**

洲崎遺跡付近

(町保存樹)⁶⁹が生え、傍らに板碑を保存した祠がある。

井川町役場庁舎と隣接して**井川町歴史民俗資料館**⁷⁰があり、縄文土器など多くの歴史資料が展示されている。

### 坂本、新間地区

国道285号の飛塚信号機から東方向に入ると、日本各地の桜が植樹されている**日本国花苑**⁷¹が広がる。同国道を北に進み、スーパーセンター・アマノ店から右に折れて県道を2kmほど走った新間集落の入り口に、籾痕のある土器が出土した**新間遺跡**⁷²がある。杉林の前に説明板が立っている。

新間遺跡付近

新間集落から北方に進むと五城目町上樋口になり、文化の館や岩野山、中山などの諸遺跡があるので、そのまま五城目町に抜けて町内巡りをしてもよい。

### 今戸地区

　国道7号に戻って、今戸信号機から左折して今戸集落に進むと、**熊野神社**と**實相院**(じっそういん)（真言宗智山派）[73]が並んで建っており、明治以前の神仏習合の形態を残している。ここには9基の板碑が現存し、町指定文化財になっており標柱が立っている。

　国道7号の五城目町との境界には、羽州街道の**一里塚跡**[74]の碑が造られている。

今戸熊野神社（右）と實相院（左）

# 五城目町を巡る

## 大川中心地区

　国道7号の大川三差路から左方向の県道219号線（羽州街道）を進むと、かつての大川村の中心地になる。馬場目川のほとりに**菅原神社**[75]と**大福寺**（真宗大谷派）[76]が隣接して建っている。大福寺の本堂は江戸時代の建築で町指定文化財である。神社の鳥居の前には、五城目町史跡・大川城跡の標柱が立っている。

　ゲーテ研究の第一人者、木村謹治はこの地の生まれであり、生家跡に「木村謹治出生の地」の標柱、大川農村環境改善センター前に**「木村謹治先生生誕の地」**[77]の碑が建っている。

　県道を進むと馬場目川に架かる竜馬橋があり、越えると八郎潟町一日市である。ここに橋が架けられたのは明治15年で、それ以前は**大川の渡し**[78]があり、船による通行だった。

　八郎湖に面して**五城目町飛地**[79]という珍しい区域がある。なぜこのようになったのかは五城目町史にも記載されておらず謎となっている。

## 石崎、谷地中地区

　国道7号から右に入ると、最初の集落が石崎である。集落の南側に古代城跡・**石崎遺跡**[80]があり、道路の脇に説明板が建っている。田んぼの中には「石崎遺跡柵列柱脚」の標柱がある。1kmほど東方に進んだ谷地中集落の外れには**中谷地遺跡**[81]があり、石崎遺跡と関連した遺跡と考えられている。

「石崎遺跡柵列柱脚」の標柱

## 上樋口地区

　中谷地遺跡の説明板から自動車道のガードをくぐってスーパーセンター・イオン店の脇を通り、国道

285号を横切って南東方向に進むと上樋口地区になる。この地区には考古歴史資料館・**文化の館**[82]、**岩野山古墳群**（県史跡）[83]、**雀館古代井戸**（県史跡）[84]、**中山遺跡**[85]があり、歴史的見どころが多い。また、南方向には**秋田県野鳥の森**[86]が広がり、入り口には鳥獣保護センターが建っている。

考古歴史資料館・文化の館

### 五城目本町とその周辺

　下夕町の**高性寺**（真言宗智山派）[87]、上町の**珠厳院**（曹洞宗）[88]にはそれぞれ歴史的価値の高いものが多い。高性寺の境内には、明治19年に大流行したコレラの犠牲者を慰霊した疫死追悼碑や樹齢数百年のめおと

（夫婦）ケヤキ、珠厳院の観音堂には100体の観音像が安置されている。

国道285号沿いの**神明社**⁽⁸⁹⁾の社殿と境内のイチョウの大木は、どちらも町指定文化財である。

北方にそびえる五城目城の内部は**森林資料館**⁽⁹⁰⁾になっている。資料館に寄らないで直進すると道路は**森山**⁽⁹¹⁾に通じており、アンテナ塔や希望の鐘まで自動車で行くことができる。

## 岡本、野田地区

岡本地区の背後にそびえる森山の斜面はスズムシ群生地の北限として名高い。地区の**陽広寺**（曹洞宗）⁽⁹²⁾の殿鐘（寺院内で使用する鐘の一つ）は、享保14年（1729）の鋳造で町指定文化財である。

野田集落の外れにある野田神社の境内には樹齢千年といわれる**ケヤキの巨木**（町天然記念物）⁽⁹³⁾がある。前述した高性寺のめおとケヤキと比肩の巨木である。

野田神社境内のケヤキの巨木

# 八郎潟町を巡る

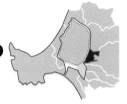

## 一日市、川崎地区

　大川から馬場目川の竜馬橋を渡ると秋田県内三大盆踊りの一つとして有名な一日市に入る。上町の西方向に**清源寺**（曹洞宗）⑭がある。境内には、明治14年の東北巡幸の折に宿泊を記念した明治天皇行在所記念碑とその説明板が建っている。

　ＪＲ奥羽本線の踏切を越えて五城目町方向に進むと、道路脇にサイクリング道がある。ここは、昭和43年まで五城目鉄道（秋田中央交通五城目軌道線）が走っており、**川崎停留所のプラットホーム**⑮がバス停・上川崎の場所に残っている。少し進むと新しく建てられた湖東厚生病院がある。約50年前の昭和42年に前の湖東総合病院の建設の際、基礎工事を行っていたところ多くの遺跡が発見された。だが調査する余裕がないため発掘は中止になった。この度、病院が新しい土地に移転したことにより、平成26年に発掘調査が行われ、平安時代の集落跡と分かった。

## 夜叉袋、小池地区

　ＪＲ八郎潟駅近くの大道信号機を直進すると夜叉袋地区になり、一区から四区まで家並みが続いている。四区には町内で最古の建築物とされる**諏訪神社**（町指定文化財）[96]がある。境内にはケヤキの巨木、与謝野蕪村碑などがあり歴史の深さを感ずる。神社の斜め向かいに、羽州街道の一里塚跡碑が造られている。

　三区から分岐し、弁天球場前を通り国道７号を横切ると小池地区に至る。下小池集落と上小池集落の中間に浦城主の奥方・小柳姫伝説が伝わる**御前柳神社**[97]がある。小池農村公園の後方にあるので公園に駐車でき

夜叉袋諏訪神社

小池板碑群

る。上小池には、**小池板碑群**[98]があり、50基を超える板碑が密集している。

## 真坂、浦大町地区

　夜叉袋からＪＲ奥羽本線の踏切を越えると真坂地区になり、家並みが一区から三区まで続いている。二区から分岐して浦大町方向に進むと、国道7号近くに町指定文化財の**八幡神社**[99]がある。

　神社から国道7号を横切って直進すると、介護老人保健施設・栄寿苑がある。この付近から高岡コミュニティー会館（昭和51年閉校の高岡小学校跡）近辺までが、縄文中期の**沢田遺跡**[100]の場所とされる。

この付近からは浦大町地区になり、集落の北側には高岳山❶がそびえ、山頂に副川神社がまつられている。峰伝いに下がった所に浦城跡(戦国時代の城)❷があり、「NPO法人・浦城の歴史を伝える会」によって整備され、散策路が設けられている。

　常福院(真言宗智山派)❸は浦大町集落で最も高い場所にあり、高岳山と浦城跡への上り口になっている。寺院の後方に駐車場が造られている。

　浦城、副川神社、沢田遺跡などの遺物を展示している施設が八郎潟町地域史料館❹で、集落の南側を通るバイパス道路沿いに建設されている。

八郎潟地域資料館

## 三倉鼻周辺

　三倉鼻は三種町との境界にある山で、昔から湖畔屈指の景勝地として広く知られていた。明治34年、奥羽本線の開通により山が掘削され、2カ所に分かれたため、鉄道から国道7号寄りを**三倉鼻公園**❺、東側を南面岡公園として整備されている。三倉鼻公園には正岡子規句碑、干拓調査記念碑、六尺石の地蔵尊などがあり、南面岡公園には明治14年の東北巡幸の折に明治天皇が休憩されたことを記念した南面岡碑銘がある。

正岡子規句碑

夫殿の洞窟

　三倉鼻の根元にある**夫殿の洞窟（岩屋）❺**は、八郎太郎伝説が伝わっている。近くには、糠森・米森伝説の二つの小山がある。南面岡公園の隣にあった筑紫岳は標高約150mの山であったが、干拓工事用の石材採取のため切り崩されて姿を消した。

　夫殿の洞窟のやや北寄りに三倉鼻農村広場があり、公園風に整備されている（この付近は三種町である）。広場の西側の東部承水路には**中の島❼**があり、10本ほどの木が大きく生長している。八郎潟の残存湖には数カ所の島があるが、木が生えているのはここだけである。

　冒頭の五明光のところで、隣家でありながら郡市が違うのは珍しいと述べたが、これと全く同じことがこ

こにもある。夫殿洞窟を過ぎた１軒目の家が南秋田郡（八郎潟町真坂字三倉鼻）であるのに、２軒目は山本郡（三種町天瀬川字三倉鼻）になっている。

中の島

手前の家が南秋田郡八郎潟町、隣の家は山本郡三種町

# 三種町を巡る

### 天瀬川地区

　天瀬川は羽州街道沿いに開けた集落で、国道7号からややそれた山手側にある。JR奥羽本線に架かる陸橋の近くの山林に**従是北山本郡**（これより北、山本郡）**の郡界碑**❺が建っている。藩政時代に羽州街道に造られたものと思われるが、ヤブに覆われて地元でこれを

織田信雄公館跡

知っている人がほとんどいなくなっており、保存が急がれる。

　集落の中ほどの小高い台地に織田信長の二男・信雄が配流されたという**織田信雄公館跡❾**がある。

　市野集落方向に延びる道路沿いにある**磯前神社❿**は、八郎潟干拓工事の石材採取により、昭和33年に筑紫岳から移築したという。

　集落を抜けて国道7号と交わった所に羽州街道の**一里塚碑跡⓫**の碑が立っている

### 鯉川地区

　内鯉川集落にある**玉蔵寺（真言宗智山派）⓬**の本堂は、八郎潟の湖底から掘り出した樹齢600年のケヤキを使用したという。浜鯉川には、戊辰戦争で官軍兵士として戦死した田村多助之墓がある。

### 鹿渡地区

　鯉川から国道7号を進むと「道の駅ことおか」がある。この一帯は土笛が出土した縄文後期の**高石野遺跡⓭**の場所である。ここから鹿渡になるが、この地域は大字が鹿渡であり、一般の地区よりも広範

高石野遺跡出土の土笛

囲である。

　道の駅の外れから右折して旧国道（羽州街道）に入ると山谷、鹿渡、浜村、新屋敷と家並みが続いている。山谷集落の中ほどと新屋敷の外れに羽州街道の一里塚跡碑が建っているので、家並みの長さは4kmを超える。

　信号の手前には**琴丘歴史民俗資料館**❹があり「縄文の館」「三種の館」の二つの建物が並んでいる。資料館の前の道端には藩政時代に道路管理の担当区間を示した**丁場碑**❺が残っている。

琴丘歴史民俗資料館

　信号機を抜け中心地に入ると、右の高台に**松庵寺**（曹洞宗）❻がある。仁王像が納められた山門、境内に生えるケヤキの大木群、大型の宝篋印塔（供養塔）などを見ることができる。また、バス停・上岩川口から右

松庵寺山門

に入ると、鹿渡八幡神社がある。少し進んだ左側には、明治14年の東北巡幸で休憩されたことを記念した明治天皇御聖蹟碑がある。

　自動車道を越えた狐森には中世の青山館跡、諏訪長根には古館跡があるが、現在は山林になっている。

　ＪＲ鹿渡駅入口、鹿渡小学校前を通り抜けて進むと新屋敷になる。ここには**神明社❼**と**龍江寺**(曹洞宗)❽がある。龍江寺は昭和28年の集落の大火で類焼したが、火災からまぬがれた本尊の仏像（年代不詳）は歴史的価値が高いといわれている。境内にある大型の宝筺印塔は、湖岸では男鹿市脇本の本明寺境内に次ぐ大きさである。神明社の境内には数基の古い石仏がある。

奥羽本線の鉄道を越えた高屋敷集落の墓地付近には縄文中期の**宝竜前遺跡**❶がある。

### 二ツ森地区

二ツ森集落は、旧山本町では唯一湖岸に接した地区である。牡丹集落寄り（自動車道ガード下付近）にある**古館堤頭遺跡**❷は、縄文前期から後期の集落跡で、竪穴式住居跡が発掘された。

### 川尻地区

南部消防署前を通り過ぎると、三種川に架かる川尻橋がある。江戸時代は**川尻の渡し**❷があり船による通行だった。集落内の元遊園地だった場所には**ケヤキの大木**❷がある。

東部承水路方向にある久米岡新田は、元禄7年（1694）の地震で八郎潟が隆起して出来た地域である。神明社の境内に同地区生まれの俳人・佐々木北涯の「北涯翁碑」が建っている。

### 鵜川地区

鵜川集落内（旧道）を通り抜けて国道7号と交わる三差路付近に**一本松龍神の古木**❷が生えている。国道を100mほど進んだ十字路から右折すると、**鳳來院**（曹洞宗）❷がある。本堂は寛政7年（1795）の建立で、

鳳來院の寺宝・十六羅漢像

古いものが多く残っている。

　向かいの小山は愛宕山公園であり、佐々木北涯句碑や児玉高致、三浦駒蔵、三浦盛徳の3氏を刻んだ碑が建っている。

　寺院から森岳方向に進み、バス停・鵜ノ巣口から左折して3kmほど走ると国指定重要文化財の**大山家住宅跡**㉕がある。

　国道に戻り、バス停・八竜幼稚園から右に入ると高台に**熊野神社**㉖がある。長い石段を上がって行くと社殿に至り、境内にはケヤキの大木が生えている。

　東部承水路方向にある富岡新田は久米岡新田同様、元禄7年の地震で八郎潟が隆起してできた地域である。

大山家住宅跡

## 大曲地区

　大曲は三種町役場や八竜中学校があり、町の中心地になっている。役場庁舎の隣にある**三種町農村環境改善センター㉗**は、1階が八竜公民館、2階が図書室になっており、萱刈沢貝塚の出土品を展示している。役場庁舎の前には、北方教育の父・成田忠久先生教鞭の地の碑がある。

　大曲から国道7号を能代方向に走ると萱刈沢集落である。バス停・萱刈沢付近から右に入り自動車道方向に進むと縄文前期の**萱刈沢貝塚㉘**がある。前述の角間崎貝塚同様、日本海側の数少ない貝塚である。貝塚か

萱刈沢貝塚の説明板と近辺

ら500mほど農道を南方向（大曲寄り）に進むと、寛政12年建立の「蠶（蚕）神供養塔」㉙が木立の中にある。

### 浜田、大口地区

　大曲から日本海方向に進むと浜田地区になり、浜口小学校付近から左へ大きくカーブして大口地区に入ると、ブリコ石という石をご神体にしている**湧出神社**㉚が高台にある。境内には、清水新五郎、金子兵吉、小田部家利の3基の頌徳碑がある。60mほど進むと、太平山三吉神社があり、境内には推定樹齢400年のケヤキの大木が生えている。

　さらに進むと「砂丘温泉ゆめろん」の入り口があり、

通り抜けて直進すると芦崎地区に入る。

### 芦崎地区

芦崎集落の南外れにある「せいぶ館」は、浜口小学校芦崎分校跡（平成11年閉校）に建設された地区会館である。会館の後方に、三倉鼻の夫殿の洞窟と関連する**芦崎姥御前神社㉛**がある。境内には、ケヤキの大木が数本生え、神々しさを感ずる。また延元2年（1337）銘の石塔（板碑）がある。

芦崎姥御前神社にある延元2年銘の石塔

芦崎は歌手・坂本九と深い縁がある。茨城県の生まれの祖父・金吉氏が芦崎に移り住み、霞ヶ浦の「打瀬網漁」を伝えたとされる。

昔日の打瀬船（天王「潟の民俗展示室」）

　大谷地集落に進むと中ほどに、太平山三吉神社と大谷地姥御前神社が並んで建っており、珍しい光景である。姥御前神社は芦崎の神社から分祀したものといわれている。集落の南外れには農村救済者の畠山重雄翁頌功碑が建っている。

　追泊集落に入り、家並みを300mほど進むとスタート地点の五明光集落と接続し、湖畔一周の歴史散歩はここでゴールする。

# 大潟村を巡る

　大潟村は昭和39年に誕生した新しい村であるが、大潟村干拓博物館、生態系公園、南の池記念公園には見るものが多い。西部承水路寄りには国定大潟草原鳥獣保護区があり、大潟草原野鳥観察舎が建っている。また、干拓地の中ほどには、北緯40度、東経140度が交差する経緯度交会点標示塔がある。10度単位での交差は国内でここだけである。

大潟村の地層（大潟村干拓博物館展示）

大潟村は、村内の施設や主要スポット25カ所に説明板を設置している。「秋田県市町村未来づくり協働プログラム」の事業を活用して、平成26年度に完成させた。湖畔には、遺跡などに標柱や案内板が造られていない所が幾つか見かける。国や県の文化事業を活用してぜひ実現してほしいものである。

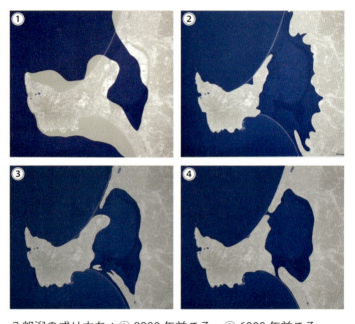

八郎潟の成り立ち：① 8000年前ころ　② 6000年前ころ
③ 4000年前ころ　④ 2000年前ころ（大潟村干拓博物館展示）

# 2章　歴史散歩部門別編

　この章では、前の通し編で取り上げた各地域の歴史的遺物、スポット、見どころの数々を部門ごとに整理し、簡潔に説明を加えて理解がより深まるようにした。資料館、遺跡、神社、寺院、巨木、石造物など 13 の項目に分類したので、前章と照らしながら目を通していただきたい。

## ①資料館・展示室

　湖畔には多くの資料館や展示室があり、縄文や弥生の考古遺物から現代の農具、漁具、生活用品などを数多く展示している。この項では12の施設について概要を紹介する。

◆**若美ふるさと資料館**（男鹿市野石字大場沢下）

　平成3年開館。第1展示室には、旧若美町内の各地から出土した考古遺物（貝塚、土器、石器）などを中心に展示している。第2展示室には、明治から昭和初期までの農具、漁具、生活用品などを中心に展示している。休館日は月曜日と祝日。

若美ふるさと資料館展示室

電話 0185 − 47 − 2720

◆**男鹿市ジオパーク学習センター**（男鹿市角間崎字家ノ下　市役所若美庁舎2階）

　平成23年「男鹿半島・大潟村ジオパーク」として日本ジオパークに認定された。ジオパークとは「大地の公園」という意味である。7000万年の長い時間をかけて大地が変化しながら現在の姿になった歴史の見どころを展示や映像で紹介している。休館日は土曜日、日曜日、祝日、年末年始。

電話 0185 − 46 − 4110

◆**八郎潟漁撈用具収納庫**（大久保字元木山根）

　昭和36年開館。高床式鉄筋コンクリート造りの建物である。国の重要有形民俗文化財（昭和35年指定）

八郎潟漁撈用具収納庫の潟船

になっている八郎潟漁撈(ぎょろう)用具78点を含め魚類標本や高さ1m近い下駄などを収蔵展示している。床下には、県指定有形民俗文化財の「八郎潟出土のくり船」（長さ15.6m）が保存されている。昭和40年に南部排水機場の4kmほど北の地点から発見されたもので、江戸期から使用されている「潟船」ではなく、それ以前の構造であり貴重な文化財とされる。見学は昭和公民館に連絡が必要。

電話018－855－5130

◆潟上市郷土文化保存伝習館（昭和豊川山田字家の上）

昭和56年開館。聖農・石川理紀之助翁を中心にした資料館である。著書、遺品、蔵書、収蔵品などを展示している。3階からは尚庵、備荒倉、梅の舎、三井文庫などの建物に通ずる巡回路があり同時に見学できる。休館は月曜日、年末年始。（写真39頁）

電話018－877－6919

◆井川町歴史民俗資料館（井川町北川尻字海老沢桶ノ口）

昭和55年開館。町の歴史と文化財の収集、保存、展示、活用を目的に役場庁舎に隣接して建設された。縄文土器・石器、農具、木こり道具、八郎潟の漁具、稲ワラ工芸品、大ノ海・若ノ海の化粧回しなど約2000点を展示している。休館は月曜日、祝日、年末年始。

電話018－874－4423

井川町歴史民俗資料館展示室

◆**文化の館**（五城目町上樋口字山田沢）

　中山遺跡をメインに岩野山古墳群、中谷地遺跡、石崎遺跡柵列柱脚など多くの出土品や番楽のお面、五城目焼きなどの貴重な文化財も展示している。（写真48頁）

電話 018 － 852 － 5290

◆**五城目町森林資料館**（五城目町字兎品沢）

　昭和49年開館。森林のはたらき、森林に関する歴史、育成と伐採の器具の今昔、森林と動植物、製材と木工製品など森林を多角的に見られるように展示している。

電話 018 － 852 － 3110

◆**八郎潟町地域史料館**（八郎潟町浦大町字天道田）

　浦城や副川神社、沢田遺跡、板碑などに関したもの
　　　そえがわ

を中心に展示している。NPO法人「浦城の歴史を伝える会」が管理している。

電話 018 － 893 － 5848

◆**三種町琴丘歴史民俗資料館**（三種町鹿渡字東小瀬川）

　平成元年に開館。「縄文の館」と「三種の館」の二つの建物がある。縄文の館には、町指定文化財の高石野遺跡から出土した「土笛」をはじめ、縄文時代の遺物を中心に展示している。縄文人の生活を再現した映像も見られる。三種の館は、明治の初めの農家を移転修復し、農具、ワラ工品、漁具などが展示されている。鹿渡公民館に連絡が必要。（写真59頁）

電話 0185 － 87 － 2275

◆**三種町農村環境改善センター**（三種町鵜川字西本田）

　内部は八竜公民館になっており、1階が事務室、2階が図書室で「萱刈沢貝塚」の出土品を展示している。

電話 0185 － 85 － 2177（八竜公民館）

◆**天王グリーンランド「潟の民俗展示室」**（潟上市天王字江川上谷地〔スカイタワー2階〕）

「八郎潟と菅江真澄」「八郎潟の魚類」「八郎潟の漁撈」の三つのコーナーがあり、多くの資料、用具を展示している。

電話 018 － 878 － 6588

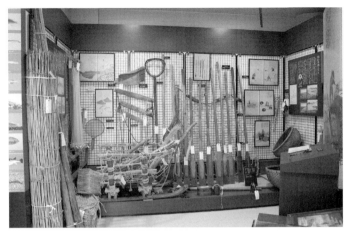

天王グリーンランド「潟の民俗展示室」

◆**大潟村干拓博物館**(大潟村西5丁目)

「八郎潟の生い立ち」「干拓事業」「大潟村の歴史」について展示物、映像、ジオラマなどで紹介している。地層をはぎとった標本(写真67頁)も貴重な展示品である。

電話0185－22－4113

## ②湖畔の三山

　湖畔には寒風山(かんぷうざん)、森山(もりやま)、高岳山(たかおかさん)の三山がそびえている。どの山も特に高山ではないが、平坦地が広がる湖畔では一際目立っており、地区のシンボルとして古くから信仰の対象や校歌・町民歌などに歌われたりしてきた。この項では、この三山について概要を紹介する。

### ◆寒風山

　標高354.8m。山頂には13分で一巡する回転展望台（昭和39年完成）があり、男鹿半島、大潟村はもちろん、白神山地や鳥海山も一望できる。

　二つの火山跡がある。第一火口には、岩が小山のように積み重なった「鬼の隠れ里」と呼ばれる所や熔岩が流れた際にできた「溶岩じわ」があり、第二火口には、底から冷風が吹き出す風穴がある。

### ◆森山

　標高325.4m。第一高地と第二高地（285m）の二つの峰から成り立っている。第二高地にはマイクロウェーブ中継所や希望の塔があり、車の通行が可能である。ここの駐車場から徒歩15分ほどで第一高地に至る。岡本地区側の斜面は、スズムシ群生地の北限として昭和35年に県天然記念物に指定された。

◆高岳山

　標高221.4m。古くは信仰の山、現在は手ごろなハイキングコースとして人々に親しまれている。登山口の説明板には「(略)山頂の展望台からは、躍進八郎潟町が一望に見下ろし、南方に湖東平野、西方に寒風山、新生大潟村が眺望できる。山頂に日本最北の式内社(国社)副川(そえがわ)神社があり、山腹第三の鳥居(中の鳥居)の石灯籠は、高さ約2.5メートルの永久常夜灯で、かつては八郎潟を往来する船にとって灯台の役目を果たした」と記述されている。

　峰を下った所に戦国期の浦城跡がある。常福院の後方にNPO法人「浦城の歴史を伝える会」が整備した駐車場があり、高岳山登山と浦城見学の入り口になっている。

## ②湖畔の三山

寒風山

森　山

高岳山

## ③河川と渡し

　八郎湖、東部承水路、西部承水路には大小14の川が注いでいる。それが集まって船越水道から日本海に流れている。河川法では、船越水道を2級河川馬場目川としているので、他の川はこの支流ということになる。

　藩政時代は船越水道に「雄潟の渡し」、馬場目川に「大川の渡し」、三種川に「川尻の渡し」の三つの渡しがあり、船による通行だった。

### ◆馬場目川

　馬場目岳（1037m）を水源とし、支流富津内川と合流し五城目町大川、八郎潟町一日市の間を流れて八郎湖に注ぐ。最上流集落は北ノ又である。湖畔では1番、秋田県では4番目に大きい川である。

### ◆三種川（みたねがわ）

　三種町の高杉山（362m）や房住山（409m）を水源とし、黒森川、茨島川、大荒沢川を集めて三種川となり、下岩川、森岳、川尻と流れ、久米岡で支流の鵜川と合流して東部承水路に注ぐ。

### ◆馬踏川（ばふみがわ）

　秋田市金足黒川地区を水源とし、同市金足堀内地区、潟上市昭和乱橋地区を流れて大久保で八郎湖に注ぐ。

### ◆豊川(とよかわ)

豊川上虻川地区の上流域を水源とし、豊川槻木、下虻川と流れて八郎湖に注ぐ。

### ◆妹川(いもかわ)

飯田川金山集落の上流域を水源とし、和田妹川を流れて八郎湖に注ぐ。

### ◆井川

岨山(まないたやま)(722m)を水源とし、大台、寺沢を通り、新屋敷と小今戸の間を流れて八郎湖に注ぐ。上流に井川ダムや「とたか岩」「そぞげ岩」などの奇岩がある。

### ◆夜叉袋川(やしゃふくろかわ)

森山、高岳山を水源とし、夜叉袋の北側を流れて東部承水路に注ぐ。

### ◆鯉川

高岳山(たかおかさん)(321m)を水源とし、市野から浜鯉川を流れて東部承水路に注ぐ。

### ◆鹿渡川

猿田集落の上流域を水源とし、鹿渡の中心地を通って東部承水路に注ぐ。

### ◆糸流川(いとながれかわ)

下岩川との境界付近を水源とし、中村を流れて浜村から東部承水路に注ぐ。上流に羽根川ダムがある。

### ◆新屋敷川

泉沢集落の上流域を水源として新屋敷から東部承水

路に注ぐ。
◆牡丹川
　二ツ森集落の上流域を水源として牡丹に流れて東部承水路に注ぐ。
◆浅内川
　浅内沼（能代市）から浜田と大曲の間を流れて東部承水路に注ぐ。
◆小深見川
　寒風山麓の滝ノ頭を水源とし渡部、小深見を通り八郎湖に注ぐ。

◎渡し場

1 雄潟の渡し
　八竜橋付近にあった。菅江真澄の「男鹿の秋風」にこの名前が記載されており、船越側に説明板がある。橋が架けられたのは明治11年（1878）である。

2 大川の渡し
　竜馬橋のやや下流にあった。伊能忠敬は測量日記の享和2年（1802）の項に、この渡しを記録している。橋が架けられたのは明治15年（1882）である。

3 川尻の渡し
　川尻橋付近にあった。菅江真澄の『男鹿の春風』に、

川尻の渡しの図絵があり、両岸に渡した綱を手に握って向こう岸に渡る船を描いている。橋が架けられたのは、明治20年代である。

雄潟の渡し

大川の渡し

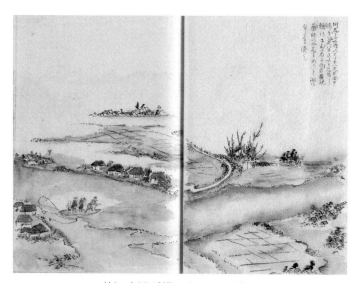

菅江真澄が描いた川尻の渡し
(『男鹿の春風』秋田県立博物館蔵写本)

## ④遺跡（原始）

　ここで掲載する遺跡は縄文時代、弥生時代を主体にした。

　湖畔には多くの遺跡が存在するが、ここでは名前のよく知れているもの、特徴のあるものだけを取り上げて簡潔に紹介した。分かりやすくするため、なるべく古い順に列記した。遺跡の個所は、人間が生活した場所なので範囲が広く「〇〇一帯」「〇〇付近」という表現にした。また、現地の駐車場状況や説明板の有無をカッコ書きにした。

　なお、詳しく知りたい方は発掘調査報告書なども多く作られているので、秋田県埋蔵文化財センターなどに問い合わせてほしい。

### ◎縄文時代

　縄文時代について簡潔に説明したい。この時代は、1万3000年前頃から2400年前頃までの約1万年間とされている。氷河期が終わって、氷が溶けて海面が上昇し日本列島は現在の姿に近い地形になった。次第に草木に覆われ豊かな自然環境になり、縄文時代を迎えることになったのである。

　この時代の特徴は、煮炊きするために使用する土器が作られたことである。土器の多くには縄目の模様が

あるので、縄文時代と呼ばれている。1万年という長い期間なので、土器の作り方に技術革新がみられ、草創期、早期、前期、中期、後期、晩期の6期に細分される。

ごく分かりやすく図で示すと次のようになる。(数字はあくまで目安)

| BC13000 | 6000 | 4000 | 3000 | 2000 | 300 | 0 BD |
|---|---|---|---|---|---|---|
| 草創期 | 早期 | 前期 | 中期 | 後期 | 晩期 | 弥生時代 |
| 約8000年前 | 約6000年前 | 約5000年前 | 約4000年前 | 約3000年前 | 約2500年前 | |

なお、縄文時代の前は旧石器時代と区分される。

## ◎弥生時代

弥生時代は紀元前4世紀頃から紀元3世紀後半までの6、700年間ほどをいう。稲作が行われ、金属器の使用が始まった。土器には縄目模様が見られなくなっており、弥生土器という。東京都文京区の弥生町貝塚で最初に出土したところからこう名付けられたとされる。

## ◎用語解説

この時代の土器や遺物は専門用語で表記されることが多いので、よく使用される用語を説明する。①石鏃（せきぞく）：石の矢じり。②鉄鏃（てつぞく）：鉄の矢じり。③石匙（いしさじ）：石のナイフ。④土師器（はじき）：素焼の赤褐色の土器で、煮炊き

や食器になどに用いられた。⑤須恵器(すえき)：大陸系技術の素焼の土器で、一般的に暗青色であり、多くは貯蔵用の壺などに用いられた。⑥フラスコ状ピット：フラスコの形をした土の穴のことで、貯蔵用に多く用いられた。⑦土壙(どこう)：土の穴のことで、ピットと同じ。

## ◎貝塚について

　日本には貝塚と呼ばれる遺跡が2500余あるといわれているが、大半が太平洋沿岸に存在し、日本海沿岸では80カ所ほどであるという。秋田県では9カ所が確認されているというので、角間崎貝塚（男鹿市）、萱刈沢貝塚（三種町）の二つは貴重な遺跡である。

　貝塚は分かりやすく言うと、ゴミ捨て場である。貝殻や動物の骨などは土器同様、腐食しにくいので現在まで残っており、発見されるのである。貝塚があることは、その近くに集落があったことである。

## ◎A遺跡、B遺跡について

　遺跡の範囲が広く、全体を発掘することが無理な場合、数カ所に分けて部分的に発掘調査することが多い。その発掘した地点をA、B、Cと名付けたのである。

◆**角間崎貝塚**（男鹿市角間崎字牛込、同岡見沢）

　角間崎から五里合方向に進む途中にある市営住宅角間崎団地付近が貝塚の場所であり、縄文早期、前期、中期にわたる遺跡とされる。発見は明治26年(1893)と古いが、本格的に発掘調査が行われたのは昭和29年で、1週間にわたって実施された。

　A～Dの4地点で発掘が行われ、貝塚はA地点から見つかり、約20種類の貝殻が発見された。他の地点からは県内で一、二といわれる古い縄文式土器が発見された。また石器や鹿の頭角も発見された。昭和年代に標柱を設置したようだが、今は残っていない。〔標柱無、駐車場無〕

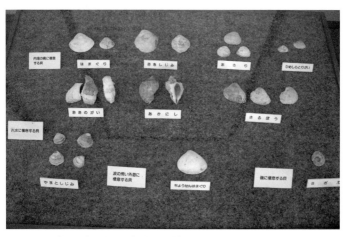

角間崎貝塚の出土品（若美ふるさと資料館）

同貝塚の注口土器（同）

◆**萱刈沢貝塚跡**（三種町鵜川字萱刈沢）

　萱刈沢集落の東側（秋田自動車道方向）に位置し、縄文時代前期末から中期前半の貝塚とされる。昭和33、34年と同46〜48年に発掘調査が行われた。遺物は竪穴住居跡、フラスコ状ピットに大別され、竪穴住居跡からは16の住居跡が発見された。フラスコ状ピットは深さ2m前後で、貝類、人骨、犬骨、鳥獣骨、石器、土器などが出土した。鳥獣骨にはニホンジカやイノシシの骨も見つかった。現在は原野になっている。〔説明板有、駐車場無〕

◆**古館堤頭遺跡**（三種町森岳字古館堤頭）
　　ふるだてつつみがしら

　二ツ森集落の東方、牡丹集落に近い古館堤の南西側に位置し、縄文前期から後期の集落跡とされる。昭

萱刈沢貝塚の土器（三種町農村環境改善センター）

和51年に山本町教育委員会が発掘調査を行った。竪穴住居跡、フラスコ状ピット、土器、石器、土偶などが発見された。現在は荒れ地になっている。〔標柱無、駐車場無〕

## ◆沢田遺跡（八郎潟町真坂字沢田）

　介護老人保健施設・栄寿苑の脇に標柱が建っており、高岡コミュニティーセンター（高岡小学校跡地）付近までが遺跡場所といわれ、縄文中期の集落跡とされる。明治年間から土器の出土があり、注目されていた。昭和27、31、47年の3回にわたって発掘調査が行われ、竪穴住居跡、土器、石鏃、石斧、石匙や漁労用具の錘などが発見された。〔標柱有、駐車場無〕

## ◆才の神遺跡（男鹿市野石字才の神）

　野石共同墓地の後方の台地からＪＡの集荷施設までの一帯で、縄文中期の遺跡とされる。集荷施設の場所は、かつて野石小学校（平成27年閉校）のグラウンドであったといい、昭和34年の春にグラウンドのバックネットを修理していた際に土器片が発見され、一帯は遺跡場所であることが分かった。

　この遺跡の特徴は岩版の出土である。同36年、野石小６年の小坂誠君（現大潟村住）がグラウンド脇の畑から、表にタンポポ模様の草花文、裏にワラビ状文が線刻された岩版を見つけ話題になった。この岩版は、慶応大学に貸し出しており、平成30年時点でまだ返

才の神遺跡の岩版（右が表、左が裏・『若美町史資料』より転載）

却されていないという。この場所は操業を停止した縫製工場跡地になっている。土器などの出土品は旧野石小学校内に保存されている。〔標柱無、駐車場有〕
（岩版：縄文後期・晩期に作られた石製品。表裏両面に彫文があり護符と考えられている）。

### ◆中角 境 遺跡（男鹿市鵜木字中角境）
  なかつのざかい

　市営住宅鵜木団地（若美中央公園野球場に向かう途中の右側）とその近辺が遺跡の場所で、縄文中期の集落跡とされる。道路や住宅地の開発で現在は地形が大きく変化している。

　昭和48年、土砂採取によってできた崖面に、集落の人から特異な形状をした遺跡を発見したと届けられ、フラスコ状ピットであると分かった。翌49年に緊急調査を2日間行ったところ、4基のフラスコ状ピットが発見され、大きな集落跡であることが判明した。〔標柱無、駐車場無〕

### ◆中山遺跡（五城目町高崎字中泉田（泉屋敷））

　バス停・館町から馬場目方向に向かう途中の右側に説明板が建っている。縄文後期から晩期にわたる遺跡とされる。昭和56〜58年に範囲確認を行い、約2haの広さであることが分かった。平成2年に発掘調査を実施したところ、泥炭層から多くの漆工関係の遺物が出土し、全国の縄文遺跡の中でも貴重なものとして注目された。中山遺跡出土漆工及び漆工関係出土品

の30点は県有形文化財に指定された。ほかに大洞式の注口土器、皿、土偶、クルミやトチの実、シカやイノシシの骨も見つかった。出土品は「文化の館」に展示されている。〔説明板有、駐車場無〕

◆**宝竜前遺跡**（三種町鹿渡字宝竜ノ前）

　高屋敷集落の墓地の北側に位置し、縄文中期の遺跡とされる。43基のフラスコ状ピットが発掘されたことが特徴。昭和50年、水田の整備事業で見つかり、翌51年秋田県教育委員会が発掘調査を行った。竪穴式住居跡や多くの土器が出土した。昭和50年代に説明板が設置されたようだが倒壊して現在は残っていない。〔標柱無、駐車場無〕

◆**高石野遺跡**（三種町鹿渡字高石野）

　「道の駅ことおか」付近に位置し、縄文後期から晩期にかけての集落跡とされる。4点の土笛が出土したことが特徴。平成6〜11年に琴丘町教育委員会が発掘調査を行った。出土した土器は多種多様で、宝竜前遺跡と比べて進歩しており、生活が豊かになっていることが分かるという。〔標柱無、駐車場有〕（写真58頁）

◆**狐森遺跡**（潟上市昭和大久保字北野大崎道添）

　新関集落から天神下集落の間に位置し、縄文後期から晩期の遺跡とされる。この遺跡の特徴は、人の顔が付いた「人面付環状注口土器」の出土である。昭和53年に国指定重要文化財に指定され、県立博物館に展示

されている。この人面付環状注口土器は、江戸時代に発見されたと石川理紀之助が原寸大の図絵に表し記録している(潟上市郷土文化保存伝承館に展示)。その後、長い間不明になっていたが、昭和50年に新関の菅原家から箱に入って発見されたという。大きさは、高さ8.5cm、最大幅9.8cmで、信仰や祭祀(さいし)に関係があると考えられている。

人面付環状注口土器には、天然アスファルトによる化粧塗りが施されている。昭和槻木地区から産出されたものを使ったと推測されている。〔説明板有、駐車場無〕(写真38頁)

◆**館の上遺跡**(三種町鵜川字館ノ上)

鵜川熊野神社の後方に位置し、現在は秋田自動車道が貫通している。自動車道の工事の際に見つかり、平成5、6、10年に秋田県埋蔵文化財センターが発掘調査を行った。その結果、縄文時代のフラスコ状ピットや陥(おと)し穴、弥生時代の集団墓地、平安時代の集落跡が発見され、縄文から平安時代までの複合遺跡と推測されている。〔標柱無、駐車場無〕

◆**槻木天然アスファルト**(潟上市昭和槻木)

槻木地区は縄文時代から天然アスファルト(土瀝青(どれきせい))の供給地だったと推測されている。これは、秋田県内各地の縄文中期以降の遺跡からアスファルトを利用した土器や石器が多く発見されているばかりではなく、

青森県八戸市や岩手県三陸海岸の遺跡からも見つかっているという。

このアスファルトは、明治10年（1877）東京で開かれた内国勧業博覧会に出品され、これを機に採掘が行われ舗装工事に利用された。明治45年（1912）からは原油の採掘が行われ、豊川油田に発展し、平成13年に採油を停止した。〔東北石油㈱事務所に展示室がある〕

◆**志藤沢遺跡**（男鹿市角間崎字志藤之沢）

遺跡場所は若美球場の駐車場の後方にある小山付近で、弥生中期の遺跡とされる。角間崎貝塚発掘の際、周辺調査により発見された。昭和32年9月、3日間にわたり発掘調査が行われ、籾痕がある土器片3点を

志藤沢遺跡の籾痕土器（若美ふるさと資料館）

含む多量の土器片と石器20個が発見された。籾痕土器片の出土により、弥生時代には八郎潟湖畔で稲作が始められたことが分かり、それまでの8世紀説がくつがえされた。現地には閉院となった山田内科医院の向かいの小路を進んで至る。現在は山林になっている。昭和年代に標柱を設置したようだが、今は残っていない。〔標柱無、駐車場無〕

### ◆横長根A遺跡 （男鹿市払戸字横長根）

　遺跡場所は若美払戸住宅団地一帯で、現在は新興住宅地になっている。男鹿市教育委員会が設置した説明板に「横長根A遺跡は、弥生時代中頃（2400年ほど前）の遺跡です。発掘調査によって竪穴建物跡1軒が見つかり、土器や石器、炭化米などが出土しました。さらに土器に稲の痕跡が残されているものもあります。現在は宅地化されていますが、地面は砂地です。周囲より標高が高い砂丘上で生活を営み、米作りが行われていたと考えられています。同じく八郎潟沿岸の志藤沢遺跡とともに、秋田県の稲作の始まりを知るうえで貴重な遺跡です」と記されている。

　3、4年前に設置したものなので分かりやすい説明である。また、説明板には、炭化米と出土した土器の写真が掲載されているので理解が深まる。発掘調査は昭和57、58年に行われた。炭化米は竪穴住居跡の床面から48粒が見つかったという。〔説明板有、駐車

場無〕

横長根Ａ遺跡の炭化米（同）

◆**新間遺跡**（井川町黒坪字新間）

　新間集落の入り口（南外れ）に位置し、志藤沢遺跡、横長根Ａ遺跡とともに籾痕のある土器片が発見されたことで注目された。昭和52年に小武海松四郎氏により「籾痕土器をともなう井川町新間遺跡」の報告書が出された。また、縄文晩期の土器片も多く発見された。発掘時は畑であったというが、現在は杉林（個人有）になっている。〔説明板有、駐車場無〕（写真44頁）

◎**大湯環状列石と三内丸山遺跡**

　参考までに県内と県外の遺跡について触れてみたい。

県内で名前がよく知られている遺跡に「大湯環状列石」がある。これは縄文後期の遺跡である。また、県外では青森県の「三内丸山遺跡」が有名である。これは縄文前期の集落跡であり、規模の大きさが特徴である。
　なお、秋田県で一番古い縄文遺跡は、湯沢市上院内の「岩井堂洞穴遺跡」で縄文早期といわれている。

## ⑤遺跡（古代、中世）

　ここで紹介する遺跡は、古墳、奈良、平安、鎌倉、室町時代のものである。原始遺跡同様、主なものであり、詳しく知りたい方は秋田県埋蔵文化財センターなどに問い合わせてほしい。

　原始遺跡と同じように、専門用語が多く使用されるので簡潔に説明する。①石帯（せきたい）：礼装の帯の締め具。②勾玉（まがたま）：曲がりのある装身具。③蕨手刀（わらびてとう）：刀の一種。柄がワラビのような形をしている。④毛抜太刀（けぬきたち）：刀の一種。柄に毛抜き形の透かしを入れている。

### ◆石崎遺跡（五城目町大川石崎字石田、サミ）

　遺跡場所は、石崎集落とその南側付近とされ、奈良時代末期から平安末期までの城跡と考えられている。説明板から抜粋すると「かつて石崎の水田の用水路に直径70センチの大柱脚が露出し、近辺から須恵器片などが出土していた。昭和42、47、48年の発掘調査の結果、付近一帯は古代の城柵跡であることが判明。遺構は、一辺約450mの方形で、年代は奈良時代から平安期の400年前後にわたると考えられ、古代国家最北の重要施設と推定される」という。

　県道脇に説明板が、南側の田んぼの中に「石崎遺跡

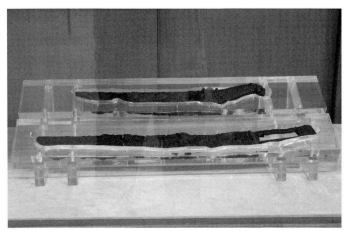

石崎遺跡の出土品（五城目町文化の館）

柵列柱脚」の標柱が立っている。〔説明板有、駐車場無〕

◆**中谷地遺跡**（五城目町大川谷地中字谷地）

　谷地中集落の東外れ、秋田自動車道のガード付近に説明板が建っており、前記の石崎遺跡と関連があると考えられている。平成11年、自動車道建設に伴い発掘調査が行われた。掘立柱建物跡、塀状板材列、墨書土器、漆紙文書などのほか、木製祭祀具も多く発見された。顔の絵が付いた板が見つかったのもこの遺跡の特徴である（埋蔵文化財センター蔵）。

　後記の岩野山古墳群の中間にあり、どちらにも1km余りの距離である。このことから両者と深い係わりがあったと推測されている。〔説明板有、駐車場無〕

中谷地遺跡の顔の絵がある板（秋田県埋蔵文化財センター蔵）

◆**岩野山古墳群**〔県史跡〕（五城目町上樋口字樽沢）

　岩野集落と森山荘（老人ホーム）の間の山に位置し、奈良時代後半から平安時代中頃まで造られた日本海側最北の古墳群とされる。

　昭和36、37、38、49年と発掘調査した結果、30基以上の墓の土壙(どこう)（土の穴）を掘り当てた。太刀、勾玉(まがたま)、馬具、石帯(せきたい)、蕨手刀(わらびてとう)など多くの副葬品が出土した。一般人の墓地ではなく官人のものと考えられ前記の中谷地遺跡や石崎遺跡と関連があると推定されている。〔説明板有、駐車場無〕

◆**雀館古代井戸**〔県史跡〕（五城目町上樋口字堂社）

　雀館運動公園の相撲場の脇に井戸跡があり、奈良時代初期を下らないと推定されている。昭和37年に発見。井戸枠板は厚さ4、5cmの杉材である。井戸の

底にはこぶし大からやや大きい河原石が30cmほどの厚さで敷き詰められ、内部から須恵器の完成品1個と多数の土師器片も発見された。〔標柱有、駐車場有〕

◆**海老沢窯跡**（男鹿市野石字東中李台）

八ツ面集落から福米沢に抜ける農道の途中の通称・海老沢に位置し、平安時代の窯跡とされる。昭和49年に5日間、緊急発掘調査が行われ、4基の窯跡が確認され、政府官庁へ須恵器を供給した操業跡と推定されている。〔標柱無、駐車場無〕

◆**州崎遺跡**（井川町浜井川字州崎）

JR奥羽本線井川さくら駅の北西、新屋敷集落の墓地付近に位置し、中世（鎌倉、室町）の遺跡とされる。平成9、10年に秋田県教育委員会（埋蔵文化財センター）によって発掘調査が行われ、井戸跡、建物跡、道路跡、田畑跡などが見つかり、多くの遺物が出土した。その中には、墨書きで描かれた人魚供養札が井戸跡から発見された。長さ約81センチ、幅約15センチ、

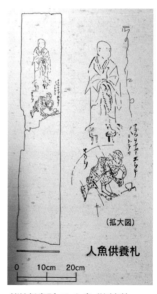

洲崎遺跡の人魚供養札
（説明板より転載）

厚さ約0.5cmの杉板で、上半部に人魚と僧侶の姿が描かれている。人魚の脇に文字があり「アラツタナヤ弖ウチ　テウチニテ候　そわ可」と読めるという。意味はよく分からないが「あらかわいそう　手がこんなに縛られて　そわ可」ではないかという。この供養札は、秋田県埋蔵文化財センターに保管されている。井戸が造られた年代は、弘安9年（1286）以降と推測されるという。〔説明板有、駐車場無〕

### ◆小谷地埋没家屋遺跡（男鹿市脇本富永字小谷地）

　飯ノ森公民館の脇の広場付近が遺跡場所とされ、県道脇に「飯ノ森小谷地遺跡の埋没家屋」の看板が掲げられている。「この埋没家屋は、昭和34年2月、耕地整理中に発見され、昭和39年から41年までと、昭和56年の4回にわたり発掘調査されました。この結果、古代の建物の材料や遺物が発見されました。このなかで注目されるのは、昭和56年の調査で、県内でほとんど不明であった古墳時代の竪穴住居跡に伴う建物の材料が出土したことであります。この周辺には、まだ建物等の遺構が埋まっていると考えられており、当時の村のすがたを知るうえで貴重な遺跡であります。　男鹿市教育委員会」と記されている。昭和34年発見の埋没家屋は、平安時代末期と推定されている。以前、広場に井戸跡が復元されたというが、現在は残っていない。〔説明板有、駐車場有〕

◆浦田五輪塔群（男鹿市脇本浦田字坂ノ上）

　浦田三輪神社の上方の台地にある遺跡で、鎌倉後期から室町時代の寺院跡の可能性が高いとされる。かつては浦田地区の畑地であったというが、現在は杉林に覆われており、歩道も廃れている。杉林の中に説明板があり「（略）この五輪塔は、水輪下部に蓮弁の線刻をほどこし、阿弥陀座像、あるいは地蔵を高肉彫りしており、火輪の軒反りに重量感があふれている。作の推定は、鎌倉後期の形式と思われる。昔日、ここにささやかな堂塔が営まれていたと推定される。　男鹿市教育委員会」と記されている。看板はかなり風化している。設置年はいつだろうか。

　『男鹿市史』に「昭和46年6月、京都の川勝政太郎博士が、一基の阿弥陀如来座像の線刻板碑を確認したが、惜しくも男鹿市役所建設の際、誤って現場に埋められてしまったという。全国的に類例の少ない貴重な板碑であり、百年後に市役所を解体する場合は是非探し出してほしい」との記載がある。

　現地には、寒風山山麓農道沿いにある老人ホーム「偕生園」から下って至る。〔説明板有、駐車場無〕

## ⑥板碑（いたび）

　湖畔には板碑が多く存在している。板碑は菩薩を表す種子（しゅじ）を彫り、その下に年号や願文などを刻んだ塔婆で、室町時代の供養塔とされる。

　『秋田大百科事典』によると「昭和55年時点で、県全体の総数は318基で、1番多いのが八郎潟町の52基、次いで井川町が31基である。分布の状況は全県にくまなく及ぶが、概して由利郡に少なく、男鹿半島、南秋田郡、とくに若美町、八郎潟町、井川町に集中している。なぜなのかは明らかでない」とされる。その後の調査により数が増加していると思われるが、正確な数は不明である。多くの個所に市や町の文化財指定の標柱が建てられている。

　湖畔の板碑の年号は、建武、歴応、康永、貞和（じょうわ）、観応、文和の年間（1334～55。いずれも北朝年号）がほとんどである。ちなみに、本県で最古の板碑は鹿角市八幡平宮川の正安（しょうあん）元年（1299）のものとされる。

　板碑には、自然石板碑（加工しないで自然の石）と割石板碑（加工して平たくした石）があるが、本書では省略する。

　板碑といえば、何といっても「小池板碑群」が名高いので、最初にこれを紹介し、その後は各市町史を基

に列記する。

### ◆小池板碑群（八郎潟町小池字萱屋戸）

　説明板には「小池板碑群の由来　私達の町には、石に梵字を刻んだ板碑と呼ばれる石造遺物がある。現在までに五十二基ほど確認されており、県内一の密集地となっている。板碑は、鎌倉時代から室町時代の初期にかけて造立された追善や生前供養のための石塔婆である。刻まれた梵字には金剛界・大日如来（バン）、胎蔵界・大日如来（ア）、阿弥陀如来（キリーク）などの種子が見られる。この板碑群には、昭和三十三年の基盤整備の際に、土中に埋もれていたものを寄せ集めたものも含まれている。文化六年（一八〇九）菅江真澄が『ひなの遊び』の中で記録した「石仏庵」の石碑と同じ場所と考えられる。本町の板碑が小池地区に集中しているのは、石の豊富な森山に近いこともあるが、（略）この地の先人達の信仰心の深さが象徴されているといえよう。これらの板碑群は、八郎潟町の村落の発生と深く係わり、文化の変遷などをうかがい知ることができる貴重な文化財である。　平成四年三月八郎潟町教育委員会」と記載されている。

　文中にある菅江真澄の『ひなの遊び』には、石仏庵の図絵があり、「大川の宿場の東北に、野田の村よりたいそう近い所に小池の村がある。上小池という所に

多くの石碑があり、關仏庵がある。中むかしの頃、近くの田の中から古碑を百基ほどが掘り出された。おおよそ暦応、康永の年号が刻まれている。それで今は石仏庵というそうである」と記されている。

◆男鹿市野石・八幡神社境内1基　◆同野石・墓地1基　◆同福米沢・墓地1基　◆同福米沢・熊野神社境内2基　◆同道村・永源寺境内3基（写真19頁）◆同道村・十王堂前4基　◆同鵜木・稲荷神社入口1基　◆同鵜木・津木花墓地1基　◆同鵜木・三浦家敷地3基　◆同角間崎・十王堂1基　◆同福川・福昌寺境内16基　◆同福川・山神社境内5基　◆同小深見・神明社境内1基　◆同脇本百川・寳光寺境内1基　◆

福昌寺（福川）境内の板碑

同脇本百川・八幡神社境内１基　◆同脇本百川・門間家敷地２基　◆同脇本浦田・宗泉寺境内２基

宗泉寺（浦田）参道の板碑＝貞和二年二月の文字が残っている

飯塚神明社境内の板碑＝貞和三年十二月の文字が残っている

◆潟上市天王・東湖八坂神社境内１基　◆同昭和大久保・御大日神社内１基　◆昭和大久保・豊受神社境内１基　◆同飯田川飯塚・神明社境内３基　◆井川町小今戸・磯前神社境内２基　◆同小今戸・中山家敷地１基　◆同今戸・実相院境内９基　◆同今戸・熊野神社境内４基　◆同今戸・十王堂敷地１基　◆同今戸・森田家敷地１基　◆同浜井川・浜井川墓地７基　◆同浜

井川・御伊勢堂敷地2基
◆五城目町小池岡本・神明社参道1基　◆同小池岡本字家ノ下・千田家敷地1基

今戸熊野神社境内の板碑

實相院（今戸）境内の板碑

井川町歴史資料館前の板碑

◆八郎潟町蒲沼・八幡神社跡地１基　◆同一日市上蛭根・花田家墓地１基　◆同川崎・鹿嶋神社境内２基　◆同川崎・旧湖東病院前１基　◆同夜叉袋一向堂・渡部家敷地１基　◆同夜叉袋・諏訪神社境内１基　◆同夜叉袋後谷地・墓地１基　◆同真坂石塚・十王堂墓地１基　◆同真坂沢田・北嶋家敷地１基　◆同浦大町豊坂・斎藤家敷地１基　◆同小池中島・御前柳神社境内10基　◆同小池萱戸・個人１基（『八郎潟町史』によると「このほかに風化により磨滅が著しいものが小池地区11基、真坂地区３基、夜叉袋地区５基、浦大町地区２基ある」とされる）。

◆三種町芦崎・姥御前神社境内１基

## ⑦中世の城跡・館跡

戦国時代は各武将が勢力争いをしていた時代だったので、湖畔にも多くの城や館があったとされる。だが、正確な記録がほとんど残っておらず、各市町村史では伝承に頼った面が多かったようである。この項では中世の城館跡を関係資料から拾ってみたが、諸説があり、年代や内容が一致しないものも多く、あくまで参考材料にしてほしい。

### ◆脇本城跡〔国史跡〕（男鹿市脇本字）

国道101号沿いに脇本城跡の看板があり、600mほど坂を上った山頂に位置し、安土・桃山時代に織田信長と交流のあった安東愛季（ちかすえ）（1539～87）の居城とされる。城域は丘陵全体に及び150haの広さである。頂部には空堀、土塁、井戸跡がある。全域が良く手入れされており、日本城郭協会（東京）の「続日本の100名城」に選ばれている。

安東氏は秋田県の中央、県北部の実権を握っていたので、湖畔にある城館のすべては安東氏の支配下にあった。したがって、城館を語るには安東氏について知る必要があるので、概略を説明するとは次の通りである。

安東氏は津軽（青森県）で活動していたが、室町末期に二派に分かれて秋田入りし、桧山（能代市桧山）

と湊（秋田市土崎）を拠点に戦国大名の道をたどっていた。愛季の代に両家を統轄して脇本城を築いた。愛季が亡くなって子供の実季の（1576〜1659）代になると内紛（後継争い）が生じ、天正16年（1588）に「湊合戦」が起こった。結果は実季が勝利し、湊城を本拠地にして秋田城介実季となり、豊臣秀吉から所領を安堵された。

この湊合戦で、実季に味方したかどうかによって湖畔の城館主の運命が分かれたようである。実季側に味方しなかったところは、廃城・取りつぶしになった。次に記載する浦城はその代表例で、悲劇の城主として今も語られている。

脇本城から出土した墓石（男鹿市ジオパーク学習センター）

## ◆浦城跡

八郎潟町浦大町の高岳山麓にあり、永禄元年（1558）に三浦兵庫頭盛永が居城した。湊合戦の折、病気により出陣できなかったため、実季側から逆心があると疑いをかけられ、大軍に攻められて討ち死にしたとされる。「NPO法人・浦城の歴史を伝える会」によって、散策路が設けられ、城跡一帯が整備されている。常福院の後方に駐車場がある。

浦大町から浦城跡を望む

## ◆山田館跡（喜六館）

昭和豊川山田字滝の沢（山田集落の東南）にあり、館主は山田喜六とされる。山田氏が浦城へ行って不在中、安東家の手によって落とされ、小今戸で自刃したと伝えられる。

### ◆鬼王館跡

和田妹川神明社の秋田自動車道方向の大宮沢の山上にあり、秋田実季が家臣の和田五郎盛季に築かせた館という。

### ◆鷲尾館跡

鬼王館跡の向かいの坂の下にあり、和田五郎盛季が家臣に築かせたとされる。

### ◆築掛館跡

飯塚神明社の後方にあり、館主は飯塚越前守とされる。鷲尾館と関連したものと考えられている。

### ◆大川城跡

湊合戦で安東実季方に味方して戦死した大川左衛門の居館で、後に実季から本郷兵庫頭が派遣されたと伝えられる。大川菅原神社前に標柱が建つ。

### ◆岡本城跡

五城目町岡本地区の陽広寺付近にあり、湊合戦に勝利した安東実季が、それまでの浦城を取りつぶし、近くの岡本に城郭を造り、安東兵部季村を配置したとされる。

### ◆砂沢城跡

現在の五城目城（森林博物館）の場所にあり、安東実季がこの地を治めるため、家臣の五十目内記秀盛に館を築かせ配置したとされる。

砂沢城跡を望む

## ◆押切城跡

　八郎潟町一日市の西方の水田の中に一部が残っている。浦城主・三浦兵庫頭盛永の子・三浦五郎盛季が、16歳のとき許されて押切城を開いたと伝えられる。

押切城跡の一部

◆**古館城跡**
　鹿渡字諏訪長根にあり、館主は国柄隼人(くにつか)とされる。鹿渡の国柄家が子孫といわれている。
◆**青山城跡**
　鹿渡字狐森にあり、館主は青山蔵人とされる。鹿渡の青山家が子孫といわれている。
◆**川尻館跡**
　館主は川尻靭負とされるが、跡地は不詳。安戸六(あどろく)の八幡神社付近との説がある。
◆**鵜川館跡**
　鳳來院の後方の山が跡地といわれ、館主は鵜川長右衛門とされる。
◆**織田信雄公館跡**
　織田信長の二男・信雄(のぶかつ)が豊臣秀吉に追放され、秋田城介実季に配流(はいる)された。実季は天瀬川（三種町）の徳右衛門に預けたという。信雄が生活した場所が集落の中ほどの丘にあり、標柱が設置されているが、腐食が進んでいる。（写真57頁）

## ⑧神社

　神社は「鎮守の杜(もり)」と呼ばれるように、境内には木々がうっそうと茂っている。子供の頃、かくれんぼやセミ捕りをした思い出や村祭りに郷愁を感ずる方も多いことであろう。また、年配の人たちは、集会所がなかった時代には集落の寄り合いに使用した思い出も忘れられないことと思う。このように神社は私たちの身近な存在である。

　境内には記念碑や古い石碑が多くあるし、蟇股(かえるまた)(入り口の梁の部分)の彫刻や拝殿に掲げられた絵馬もある。これらを一つひとつ眺め、集落の歴史や昔の人たちの暮らしに思いをはせてみてはいかがだろうか。湖畔にある多くの神社のなかから歴史的なものや特徴のあるものを取り上げて紹介する。

　はじめに神社の概要について少し説明したい。戦前の神社は、官弊社、国弊社、県社、郷社、村社、無格社などの格式があり、行政が係わっていたが、昭和30年の「宗教法人法」によって寺院や教会と同じ性格になった。神社の入り口に「村社○○」と刻まれた石柱を見かけるが、これは戦前に建てられたものである。

　神社には色々な名前が付いている。秋田県内の神社

で多い順から挙げると、八幡神社、神明社、稲荷神社、熊野神社、愛宕(あたご)神社、山(さん)神社、白山神社、諏訪神社、日吉(日枝)神社、菅原神社などである。祭っている神のことを祭神と呼び、その祭神によって名称が違うのである。明治以前は、一神社一祭神だったようだが、明治以降に合併や統合が進み、現在は一つの神社に複数の祭神を祭っている例が一般的になっている。

◆**五明光稲荷神社**（男鹿市野石字五明光）

　バス停・下五明光から海岸方向に400mほど入った所に所在。享保2年（1717）の創建で、現社殿は昭和3年に再建された。もとは西方家の氏神として浅内村黒岡（能代市）に祭られていたが、西方家が五明光に移転した後、移築されたという。年代は江戸後期と思われる。拝殿の天井には、家紋の絵が一面描かれており、湖畔では珍しいものである。（写真14頁）

◆**八ツ面荒神社**(やつおもてこう)（男鹿市野石字箒台）

　八ツ面集落の入り口に所在。説明板に「江戸時代中期には海岸部に祭られていたが、江戸時代末に現在地に移転したようである。祭神の荒神様は病気や災害の神として知られている。その昔、目の悪い人がこの神社に参拝したら目が見えるようになったと伝えられており、以来、目の神様として信仰を集めている。　新奥の細道」と記されている。風化が進み読み取ること

が難しくなっている。新奥の細道は、昭和45年に環境庁（現環境省）が主導して整備した自然・歴史探訪の案内板で、秋田県では当時50のコースが設定されたという。境内に市保存樹のカヤの古木がある。

◆**福米沢熊野神社**（男鹿市福米沢字福米）

バス停・福米沢(ふくめざわ)付近から西方向に入った所に所在。菅江真澄の『男鹿の秋風』に「福米沢の部落にはいった。昔、この部落の山奥の滝のもとに住んでいた修験者がいた。滝で身を清め、百日ほどものいみをして鉄幢(かなばた)というものを三ひら作り、それに三柱の神様の名を彫り込んで、熊野の社におさめた。この鉄幢は、今はただ一ひら残っているが、それは三百年前のものだと語り伝えている」と記されている。この鉄幢は現在、神官の米沢家に保存されているという。

境内に市指定保存樹のイチョウやケヤキの大木がある（写真17頁）。また、応永3年（1396）銘の板碑がある。隣地に福米沢朋友館(地区会館)が建っている。（鉄幢：薄い銅板製のもので「熊野山大権現、滝本千日籠花厳房」の文字が彫られているとされる）

◆**本内星辻神社**（男鹿市本内字虚空蔵下(こくぞうした)）

本内集落の中ほどに「菅江真澄の道」の標柱が立っており、ここから右手に少し入った所に所在。昔、仏堂に虚空蔵菩薩を祭ったが、明治の神仏分離令により星辻神社に改名したとされる。境内に市保存樹のイ

チョウの大木が生えている。文政年号などの古い石塔が並んでいる。

### ◆松木沢日枝神社（男鹿市松木沢字松木）

　松木沢集落の入り口に所在。天保年号の石塔が4基並んでいる。石段の中ほどに明治28年建立の大きな太平山の石像がある。隣地に松木沢町内会館が建っている。

### ◆鵜木稲荷神社（男鹿市鵜木字鵜木）

　鵜木集落の南外れから若美中央公園方向に進んだ所に所在。境内入り口に説明板が設けられ「創設は寿永2年（1183）後鳥羽天皇時代とされる。約1500坪の境内には樹齢400年を超えるご神木「親杉」があり、旧若美町当時から保存樹に指定されている。鬱蒼と茂る古木に囲まれ太平山、金比羅山（象頭山）、赤神山、産土神社の供養塔や祈念碑、金精様ほか多くの庚申塔がある。連綿と続く神社と地域の人々との深いつながりが伺われる。（略）昭和10年に増改築されて85年を過ぎ、老朽化が進み、本殿の倒壊が危惧されたので、氏子らが奉賛会を立ち上げ平成29年春、改修工事に着手し10月竣工寄進した。　平成29年10月吉日鵜木稲荷神社改修奉賛会」と記述されている。このように説明板を設置し記録にとどめることはよいことである。（写真20頁）

◆**角間崎稲荷神社**（男鹿市角間崎字楢沢）

　角間崎集落の南外れに所在。境内には男鹿市指定保存樹のクロマツの古木がある。

◆**渡部神社**（男鹿市払戸字渡部）

　渡部斧松が亡くなった（1856年没）後に、翁をまつるため造られた神社で、住居跡の南西350mほどに所在。200mほど延びる参道の両側には計70基の石塔が並んでいる。

◆**小深見神明社**（男鹿市払戸字小深見）

　小深見集落の中ほどから八郎湖方向の小路に折れて100m余り進むと左側に所在。社殿は昭和55年に市文化財に指定された。境内にある八竜神社内の石碑「張切（はっきり）記念碑」は市有形民俗文化財（平成19年指定）

小深見神社本殿の彫刻と力士像

である。道路の向かい側には峰玄院（寺院）がある。

◆**百川八幡神社**（男鹿市脇本百川字夏張）

　百川集落の南外れに所在。社殿は石段を上った小高い所に建ち、後方にケヤキの大木がある。境内には50基ほどの石塔が並んでいる。この中には、鶏卵供養碑（明治20年建立）という珍しいものがある。隣地に百川公民館がある。

◆**樽沢中山神社**（男鹿市脇本樽沢字立石）

　岡谷地集落の中ほどに所在。境内には推定樹齢400年のイチョウの大木（市指定天然記念物）と「殉難者慰霊碑」がある。隣地に樽沢老人憩いの家が建っている。

◆**浦田三輪神社**（男鹿市脇本浦田字菅ノ沢）

　浦田集落の北外れ、浦田公民館の後方に所在。市指定文化財になっており、境内の説明板には「創建は不詳とされているが、神社に残る記録から、少なくとも江戸時代の中期以前には存在したと推測される。当初は観音菩薩を祭る堂であったと思われるが、明治時代に三輪神社となり、大正5年（1916）には集落内の神明社と熊野神社を合祀した。宮殿は御室と言われ、神社本殿の中に安置されており、大工棟梁は山本郡森岡村の加藤平次郎である。構造は一間社、入母屋造り平入りで、正面に千鳥破風を設け、向拝は唐破風造り、板ぶきの小規模な堂である。基礎は本殿床上に土台を回し、正面に登り高欄を持つ木階を設ける。向拝の各

部彫刻には極彩色が施され、小規模ではあるが本格的な宮殿建築である。この建物は男鹿・八郎潟周辺において典型的な特徴を有している」と記されている。(写真27頁)

◆**大倉三島神社**（男鹿市脇本富永字大倉）

　大倉集落の中ほど、大倉公民館の近くに参道がある。狭くてきつい石段を上った所に社殿が建つ。石段は60mほどであるが倍近くの長さに感ずる。両側に杉の大木が数本そびえ歴史を感ずる。入り口に文化年間の古い石塔と庚申碑が多くある。

◆**菅原神社（脇本天神）**（男鹿市脇本字七沢）

　正応年中（1288〜92）の創建。安東氏の鎮守として脇本城本丸の山上にまつられていたが、佐竹氏の時代の承応2年（1653）に地震で山が崩れ、現在地に移転したとされる。

　菅江真澄の『男鹿の秋風』に「そのむかし、脇本城主が奉斎した天満宮の神垣に、ご幣をささげぬかずいた。実季も友季もこの神に朝夕祈り、霊験あらたかだったので、事あるたびに占いなどを行われた社であったという。いつのころ植えられたものか、細葉の椿（ヤブツバキ）という古木があった」と記されている。この椿は神社の脇にある天神堂の前に今も生えている。県道の駐車場から300mの所に所在。車の乗り入れが可能だが、勾配がきついので歩いて行くのが無難。

神社から 300m ほどで脇本城内館に至る。

◆**船越神明社**（男鹿市船越字前野）

　船越小学校の脇の道路に入って進むとグラウンドがあり、その隣地が「船越近隣公園」として整備されている。一帯はクロマツの大木に覆われ、神明社は小高い丘の上に建っている。津波避難場所にもなっている。

　菅江真澄の『男鹿の秋風』に「神明社が松の群がるなかにあり、羽黒神の祠は山のさして高くないところにあった。この辺は湖の岸である。入江には鷺(さぎ)や白鳥が群れをなし趣がある」と記されており、「菅江真澄の道　神明社・羽黒の祠」の標柱が建っている。

◆**船越八龍神社**（男鹿市船越字八郎谷地）

　境内には男鹿市教育委員会が設置した「八龍神社と魚類供養碑」の説明板があり「八郎潟漁業者の信仰があつい八龍神社は、かつて八郎潟に突き出た砂州(さす)になっていました。干拓時の八郎潟では漁業が盛んで、漁業者が八龍神豊漁を感謝し、魚の霊を鎮めるために石碑を建てました。最も古い"古鯔供養碑(こぼら)"は文久元年（1861）に建てられています。また船越の漁業者や政治家が八龍神への感謝として、護岸用の石を奉納して石碑を建てています。これらの石碑は、八龍神に対する信仰心を表す貴重な民俗資料として市指定の有形民俗文化財（平成17年指定）になっています」と記されている。

正面から参道を通り訪れるのが本当だが、分かりにくいのでホテル・ハーモニーの前の空き地に車を置いて裏側から入ると距離的に近い。（写真32頁）

◆**東湖八坂神社**（潟上市天王字天王）

牛頭天王社ともいわれ、"牛乗り"と"蜘蛛舞"の古代神事が輪番制の統人によって長年継承されている。昭和61年に「東湖八坂神社祭統人行事」として、国の重要無形民俗文化財に指定された。境内に牛の石像や各種記念碑が建ち、ケヤキの大木とサイカチ群生林が茂っている（いずれも市天然記念物）。裏手には長頭観音堂がある。拝殿には文政11年奉納の曳馬図の絵馬が掲示されている。（写真36頁）

◆**大久保月山神社**（昭和大久保字高田）

大久保郵便局前の小路を進むと、豊川の川岸に所在。元禄11年（1698）に宮の前（大久保）から現在地に移転したとされる。境内に推定樹齢320年といわれる2本のケヤキの巨木が生えている。

◆**下虻川神明社**（潟上市飯田川下虻川字屋敷）

下虻川上丁の豊川沿いに所在。境内にケヤキの巨木が6本あり、このうちの2本は2代藩主佐竹義隆公が植えられたと伝えられている。

菅江真澄の『軒の山吹』に「昔、藩主佐竹義隆が別邸をここに造らせなさって、しばしば来られた。ある時、鷺が田の面で餌をあさっているのを射てみようと

されたが、矢ごろは少し遠いので、どうだろうかとためらった。そこで道の傍らにあった小さな社に幣をささげて、この矢に祈念をこめて放たれると、あやまたず射とめることができた。それで、この神は何の神かと尋ねられたので、伊勢神宮を移し祀った社とこたえた。すると義隆公が、この神社を造り替え奉ろうと仰せられて、さっそく大工たちに命じて、日数もたたないうちに立派な社が造られた。これに幣をたてまつって、藩主が自ら三本の槻を植えられたのがこれである、とその由来を語った」と記されている（3本のうち1本は枯死した）。（写真40頁）

◆**和田妹川神明社**（飯田川妹川字和田山）

　バス停・金山入口から国道7号方向に進むと右側に所在。中世末期にこの地を支配した和田氏の守護神を祭る神社で、慶長2年（1597）に和田城が廃された後、現在地に移築されたとされる。鳥居をくぐって石段の参道を上ると社殿に至る。鳥居の右側に推定樹齢400年のモミの大木が生えている。神社移転のとき植えられたものという。神社の前に和田児童館が建っている。

◆**飯塚神明社**（潟上市飯田川飯塚字中山）

　神明社の隣地に開得寺（臨済宗）があるので、寺院脇の駐車場に車を置いて77段の長い石段の参道を上ると台地になり、広い境内の真ん中に社殿がある。左

側には国指定重要文化財の観音堂が建っている（文化財の項152頁参照、写真42頁）。観音堂の脇には、貞和3年（1347）銘の板碑が3基ある。もとは湖岸にあったが、耕地整理に伴い明治36年（1903）現在地に移されたという。

◆**今戸熊野神社**（井川町今戸字寺ノ内）

今戸集落内に所在。實相院（寺院）と並んで建っており、明治以前の神仏習合の形態がそのまま残っている（写真45頁）。實相院境内と合わせて9基の板碑があり井川町指定文化財の標柱が立っている。

天井には花鳥風月の絵図が描かれており、町指定文化財になっている。

花鳥風月が描かれた今戸熊野神社の天井

◆**海老沢神明社**（井川町北川尻字海老沢）

　海老沢集落内に所在。天井には花鳥風月の絵図が描かれており、前述の今戸熊野神社同様、町指定文化財である。

花鳥風月が描かれた海老沢神明社の天井

◆**大川菅原神社**（五城目町大川大川字東屋布）

　馬場目川のほとりに建つ。境内は広く、ケヤキの大木に囲まれている。鳥居の前に大川城跡の標柱が立っている。

　菅江真澄の『雪の山越え』に図絵があり「天神の社には大きな槻（つき）の林の中に建っている。そのかたわらに地蔵堂がある。（略）この天神の社は古くから奉られていたものであろうか。出戸北野天神とともに人々が

尊んでいる。また槻の木がたいそう多い中で、特に年ふる大槻が五、六本生えている」と説明書きがされている。現在のケヤキ（槻）は当時のものだろうか。

◆**五城目神明社**（五城目町字神明前）

　国道285号沿いに所在。五城目城主の祈願所として元徳年間（1329～31）に創建されたという。神明造りの本殿と入母屋造りの拝殿は古く、社前のイチョウの古木とともに町指定文化財である。

　境内には、山神社、市神社、十三騎神社など11の境内社があり、湖畔では一番多い。十三騎神社は、天正18年（1590）に秋田城介実季が南部勢を破った時に切腹した南部の落ち武者十三騎の霊を弔ったものという。

◆**夜叉袋諏訪神社**（八郎潟町夜叉袋字一向堂）

　夜叉袋集落の北外れに所在。社殿は八郎潟町指定文化財になっており、説明板に「宝永4年（1707）の棟札が発見されている。その棟札には「奉　造立諏訪堂二世　安楽諸所願成就」の文字を確認できる。諏訪堂二世と記されていることから、一世の諏訪堂は江戸時代初期にはすでに現在地にあったと推測される。以後、災害に見舞われることもなく改善を重ねて現在に至り、本町の建築物の中では最古のものである。また、秋田街道絵巻を描いた荻津勝孝（1746～1809）は、羽州街道沿いの諏訪神社を夜叉袋村神明として描いて

いる。建築様式は、千鳥破風造り・鳳凰造り・二重垂木桁造りで、昭和52年発行の八郎潟町史では朱塗りの痕跡が確認できるとの記述がある。平成16年11月
　八郎潟町教育委員会」と記されている。鳥居の両側にケヤキの巨木がそびえ、境内には与謝野蕪村の句碑が建てられている。(写真51頁)

◆**真坂八幡神社**（八郎潟町真坂字石塚）

　真坂二区から国道7号方向に進んだところに所在。社殿は八郎潟町指定文化財になっており、説明板に「八幡神社は明治29年（1896）の建築で、建築様式は日吉造りである。本町夜叉袋の諏訪神社と同様の千鳥破風造り・鳳凰造り・二重垂木桁造りも取り入れている。中世の社殿建築に基づき、格調高く建立された建

明治29年建築の真坂八幡神社

築物で、建築様式にこだわり境内を広くとったものと推測される。鴨居に菊唐草模様、本殿正面に龍が彫刻されている」と記されている。

◆**御前柳大明神**（八郎潟町小池字中島）

　小池農村公園の後方に所在。この神社には浦城主の奥方・小柳姫伝説が伝わる。入り口の説明板に「永禄年間（1558〜69）桧山の安東実季（さねすえ）と湊城主・友季（ともすえ）との同族争いにまきこまれた浦城主・三浦兵庫守盛永は実季の大軍に攻められて討ち死にした。奥方（松前・島守信広の娘で名は小柳姫）は身重の体で5歳になる千代若とともに舟で城を逃れる。小池部落のこの地で急に産気づき、老柳の洞で男子を産み腰元7人とともに命を断ち、夫のあとを追った。元亀元年（1570）9月1日、姫18歳のときと伝えられている。柳のあった所に御前柳大明神があって、安産の神として住民の信仰を集めている。　平成7年6月　八郎潟町教育委員会」と記載されている。〈天正16年の湊合戦と年代が一致しない…〉。

◆**副川神社**（そえがわ）（八郎潟町浦大町字高岳山）

　高岳山（たかおかさん）（221m）の山頂に奥宮があり、麓には里宮がある。4代藩主佐竹義格（よしただ）が正徳4年（1714）に神宮寺嶽（ぐうじだけ）（大仙市）から高岳山に移して再興し、久保田城北門の守護としたとされる。佐竹氏が奉納した太鼓が八郎潟町地域史料館に展示されている。

浦大町の常福院を通り抜けて坂道を上がって行くと、「NPO法人・浦城の歴史を伝える会」が駐車場を整備している。左方に進むと里宮、登山道を上って行くと奥宮に至る。

## ◆夫殿の洞窟（岩屋）（八郎潟町真坂字三倉鼻）

三倉鼻の洞窟内にある祠なので、この項で掲載した神社とはやや異なるが、八郎太郎伝説があるのでここで取り上げた。説明板には「この洞窟は、昔、海岸だった頃の波浸食作用によって作られた洞窟といわれている。縄文時代の住居にも利用された跡があり、洞中には八竜権現と夫殿権現の足名槌神を祀る二つの祠がある。昔、この洞窟に二人の美しい少女と父の修験者（おとど様）が住んでおり、この姉妹が1人の若者にそれぞれ求婚したが受け入れられず、死にまつわる哀れな恋物語が今に語り伝えられ、姉は米盛り、妹は糠盛り、父は地蔵盛りに葬られ、この3人の霊が合祀されている。平成2年　八郎潟町教育委員会」と記されている。

文中の八竜権現は八郎太郎、夫殿権現は老夫につながるので、伝説を簡単に紹介すると「八郎太郎は、泊めてくれた天瀬川の親切な老夫婦に、一番鶏が鳴くと、大地震が起きて大きな湖ができるので、その前に逃げるようにと知らせて2人を立ち退かせた。ところが老婆が忘れ物に気付き、家に戻ったところ一番鶏が鳴き大地がとどろいて湖（八郎潟）になった。洪水で流さ

れそうになった老婆を八郎太郎は足で蹴上げて対岸の芦崎に飛ばして助けた。離れ離れになった夫婦は、老夫が夫殿権現として三倉鼻の岩屋に、老婦は芦崎の姥御前神社にまつられた」とされる。

　また、姉妹の悲恋伝説にまつわる「米森」「糠森」と呼ばれる小山が近くに存在している。

　駐車場がないので、天瀬川方向にやや進んだ国道沿いの農村広場の駐車場に車を置いて歩いて訪れるとよい。（写真55頁）

◆**天瀬川磯前（いそざき）神社**（三種町天瀬川字水ノ目）

　天瀬川から市野方向に通ずる道路沿いに所在。鳥居の前にある磯前神社整備竣工記念碑に「磯前神社は、海抜百五十メートルの筑紫岳の頂上に鎮座していましたが、昭和三十三年、農林省より八郎潟干拓事業の護岸用の石材採取用地に指定され、同省の補助により現在地に移転しました。平成十五年より境内及び参道の整備工事を施工するとともに、小玉陽三氏のご好意で提供された用地に、記念広場を造成しました。（以下略）」と記載されている。

◆**鹿渡八幡神社**（三種町鹿渡字腰巡）

　バス停・上岩川口から入り、緩い坂道を上った台地に所在。明治43年（1910）に館村の村社八幡神社に28社を合併して鹿渡神社と改称。大正元年（1912）に6社を合併して現在地に社殿を移築した。境内には

前の神社から集められた古い石碑や石仏が置かれている。隣地に鹿中児童館（地区会館）が建っている。

◆**新屋敷神明社**（三種町鹿渡字寺後）

集落の中ほどに所在。境内には文政２年（1819）の青面金剛像や天保年号など古い石碑が多くある。左側の祠堂には３基の古い石仏がまつられている。。

◆**鵜川熊野神社**（三種町鵜川字宮比台）

国道７号のバス停・八竜幼稚園から分岐し70mほど入ると鳥居がある。阿部比羅夫が奥羽征伐のため、この地に上陸した際、ケヤキに船をつないだという伝説がある。そのケヤキは昭和初期まで残っていたとされ、跡地に「親木跡」の標柱が立っている。長い石段（約100m）を上った台地に神社が建つ。境内にはケヤキの巨木が生えている。

◆**大口湧出神社**（三種町大口字地蔵脇）

浜口小学校の南方向200mほどに所在。古くは地蔵尊で、明治の神仏分離令で神社に改めたとされる。『八竜町郷土誌』によると、ご神体は「ブリコ石」という石塊で、大昔、八郎潟に光を発するものがあり、漁師が網を入れると大石が上がり、それをまつり延命地蔵と呼ぶようになったという。後に「いもの神」（天然痘の神）とも称されたという。

菅江真澄の『男鹿の秋風』に「大口という部落がある。ここに、もがさ（疱瘡）の地蔵菩薩という石仏が

おわします。まだ疱瘡にかかったことのない童をつれてきて、この御仏の前から石をひとつ借りてもっていき、これに小石をいくつもそろえてかえし、回復のお礼まいりをするという」との内容がある。

◆**芦崎姥御前神社**（三種町芦崎字芦崎）

　芦崎集落の外れにある「せいぶ館」（地区会館）の裏側に所在。三倉鼻から八郎太郎に足で飛ばされた老婦をまつる神社で、前述した「夫殿(おとど)の洞窟」と関連が深い。境内の堂宇には延元2年（1337）銘の石塔がまつられており（写真65頁）、創建もその頃と推定されている。社殿は江戸末期の建立と伝えられる。境内にはケヤキの大木が5本生えている。

　菅江真澄の『男鹿の秋風』に「姥御前の社というのがあった。ここには手摩乳(てなちち)をまつり、三倉鼻の岩屋の中にあるのを夫殿(おとどの)と呼び足摩乳(あしなちち)の神をまつっている。ちょうどこの部落から湖水を隔てて向かい合っておわします」と記されている。

◆**大谷地姥御前神社**（三種町芦崎字大谷地）

　バス停・大谷地の場所に、太平山三吉神社とともに二つの神社が並んで建っており、珍しい光景である。姥御前神社は芦崎の姥御前神社から分祀したものという。鳥居の両側にケヤキの大木が門のように生えている。ここには源義経伝説がある。義経が平泉から落ち延びてきたとき、鞍馬山で一緒に修業した宗因が大谷

地に住んでいることを知り訪ねてきたというものである。神社の境内には、宗因のものと思われる墓石が二つ残っている。

手前と隣地に神社が並ぶ大谷地集落

## ⑨寺院

　筆者の高校時代の修学旅行は奈良、京都の寺院巡りであった。仏教が日本に伝来したのは6世紀中頃（大和時代）とされる。以来、日本は仏教の影響を受けながら歩んできたので、日本の歴史や文化を学ぶうえで、寺院は重要な建物である。このことは湖畔でも同じである。

　お寺といえば葬儀や法事などが頭に浮かぶが、このような考えから離れ、歴史という観点から寺院に関心を持ってみてはいかがだろうか。

　この項は神社と同じように、寺院の沿革を紹介したものではなく、寺宝や古いものに焦点を当てて取り上げた。したがって新しい寺院は掲載しなかった。

### ◆野宮山　眺江寺（曹洞宗）（男鹿市野石字宮沢）

　明治14年、宮沢の資産家・佐藤新三郎が本堂を創建して開創。四世住職は、明治40年の宮沢の大火から昭和14年の男鹿大地震までの記録を入念に残して貴重な地域史になっているという。

### ◆日向山　永源寺（曹洞宗）（男鹿市鵜木字道村）

　室町時代末期の開創といわれ、境内には中世の地蔵尊、五輪塔、板碑などが立っている。板碑は康永4年（1345）の銘があり、裏面に「雲折りに人を休める

月見かな」と松尾芭蕉の句が刻まれている（写真19頁）。菅江真澄は『男鹿の秋風』で「（略）永源寺の扁額（横に長い額）は大応和尚のかいたものというが、たいそうりっぱである。この寺の庭の隅に、「康永三年孝子」としるして、南無阿弥陀仏と彫った石碑がある。これはこの山から掘り出したものだという。まことに、四百年の昔、光明院の御世をしのぶにたるものである。この石の裏面に「雲折りに人を休める月見かな」という句を書いて芭蕉翁の句碑としたのは大淵氏である。このようにむやみと刻んだりして、心ないことをしたものだと思うのだが、芭蕉の句碑を建てようと志して、適当な石を探しもとめ、偶然、土中からみいだしたのだという。こういうわけで、いずれ世に出る時がきたから、こうなったのであろう」と記している。室町時代の高僧・大応の筆といわれる扁額は、今も大間の入り口に掲げられている。

永源寺大間入口の扁額

## ◆孤峰山 福昌寺（曹洞宗）（男鹿市福川字福川）

　寛文10年（1670）の開創とされる。本尊の釈迦如来の木像は、開創当時のものと伝えられ、寺宝になっている。ほかに享和7年（1722）の涅槃図がある。境内に室町時代の板碑が十数基あるとされるが、風化して読み取れなくなっているので、標柱がほしいものだ。

## ◆蓮渡山 向性院（臨済宗）（男鹿市払戸字渡部）

　廃寺となっていたものを文政10年（1827）に渡部斧松を開基として再興したとされる。境内の墓地に渡部斧松と払戸村長を30年ほど務めた中田五平の墓がある。

## ◆円通山 峰玄院（曹洞宗）（男鹿市払戸字小深見）

　慶長16年（1611）開創の古刹。檀徒には古い家系が多く、江戸初期、中期の過去帳が残されているという。本尊の阿弥陀如来立像は開創以来のものといわれ寺宝になっている。

## ◆蓬莱山 寶光院（臨済宗）（男鹿市脇本百川字相ノ沢）

　現住職は二十四世と古い歴史を持つ。享保12年（1727）火災により360余年の諸記録を焼失した。元文2年（1737）再興。寺宝に、行基（奈良時代の高僧）71歳の作と伝えられる地蔵菩薩像、享保13年の涅槃図などがある。境内の周りには古い石碑や十数本の杉の大木がある。

◆海蔵山 宗泉寺（曹洞宗）（男鹿市脇本浦田字丸森）

　慈覚大師（円仁。平安時代の天台宗の僧）が開いたと伝えられている。文禄3年（1594）に曹洞宗に改宗。寺宝の「薬師三尊」（阿弥陀如来、聖観音、勢至菩薩）は慈覚大師の作とされる。境内には樹齢3、400年の百日紅がある。貞和2年（1346）銘の板碑が参道の入り口に保存され、市指定文化財になっている。

◆富永山 延命寺（曹洞宗）（男鹿市脇本富永字大倉）

　開創は平安時代とされるが、現在の名になったのは昭和17年である。寺宝に明治の神仏分離令で、真山・光飯寺から譲り受けた水引、盤子などがある。境内に、寒風山を詠んだ昔の歌塚や満州開拓団の慰霊碑「無量光」が建つ。勾配のきつい坂道を上がった台地に建っており、境内には墓地が広がっている。

◆龍穏山 萬境寺（曹洞宗）（男鹿市脇本脇本字横町道上）

　安東愛季の菩提所と伝えられている。本尊の釈迦如来像の胎内には聖徳太子の古筆があるといわれ、檀徒の人たちは「太子像」とも呼んでいるという。境内にある「子安地蔵尊堂」の中には、1枚の岩に地蔵菩薩を彫った大きな石仏がまつられている。また愛季が植えたとされる推定樹齢450年のモミの大木があり「殿様お手植えの樅」と呼ばれている。（写真31頁）

◆珪桐山 本明寺（曹洞宗）（男鹿市脇本脇本字横町道上）

　開創は江戸時代前期と伝えられる。境内の左手に

は和様建築の粋を集めた鎮守堂があり、弁財天、大黒天、毘沙門天の三尊がまつられている。本堂前の宝筐印塔(ほうきょういんとう)（供養塔）は、文政5年（1822）に法華経6万9千余文字を写経して納められたものという。高さ5mを超え、湖畔では最大である。（写真31頁）

◆寶珠山(ほうじゅ) 龍門寺(りゅうもん)（曹洞宗）（男鹿市船越字船越）

男鹿半島では一番古い寺院といわれるが、文化9年（1812）年の火災で諸記録を失い、由来は不詳。寺宝に、旧本尊の阿弥陀三尊（年代不詳）、不動明王（鎌倉期の作と伝承）などがある。境内には弘化年中（1844〜48）創建の稲荷堂、天保2年（1831）創建の大威徳雷神がある。参道には三十三所観音碑と合わせ37基の石仏が並んでいる。

◆林照山(りんしょう) 善昌寺(ぜんしょう)（浄土宗）（男鹿市船越字船越）

森本有全を開基として、正規に開山したのは元和8年（1622）という。森本家の墓地には万治4年（1661）、寛文元年（同）の法号が刻まれた墓石がある。境内には「菅江真澄の道」の標柱が立っており「文化元年（1804）八月二十四日　森元氏の子孫が船越の浦に住んでいて、納谷治右衛門という。その直系の子孫は森元氏を名のり、今も船越に住んでいる（男鹿の秋風）」と記述されている。この森本有全について簡潔に説明すると「脇本城が陥落した天正17年（1589）に、城主の安東友季(ともすえ)をかくまった罪で追放された。慶長7

年（1602）佐竹氏の秋田転封に伴い、荷物輸送の先達となり無事に土崎湊まで運んだ。この功績によって、また男鹿の大庄屋に復帰した」とされる。

◆貴榮山 圓應寺（真宗大谷派）（男鹿市船越字船越）

二度の火災により古記録が失われたというが、元禄4年（1691）の「過去帳」が残っているという。寺宝に阿弥陀如来立像（約50cm）などがある。

◆法雨山 堯林院（日蓮宗）（男鹿市船越字狐森）

織笠藤左衛門の畑に宝塔と墓石を建立して開創された。この宝塔は慶長年間（1600前後）、墓石は天和元年（1681）のもので現存する。墓地には寛延、天保、文久など古い年号の墓石が多く見られ歴史の深さを感ずる。

◆鷲峰山 清松寺（曹洞宗）（男鹿市船越字寺後）

船越の大地主であった太田庫之助が土地を寄進して明治14年（1881）に本山の永平寺から久我環渓密雲禅師を迎えて開山。寺宝に開山禅師の七条衣（島津公から寄進されたものとされ、紺地に七匹の竜が刺しゅうされた衣）がある。寺門を入るとイチョウの巨木があり、参道に三十三所観音（江戸末期の年号）、常夜灯（寛政7年）を含め40基が並ぶ石碑が壮観である。

◆寶池山 善行寺（真宗大谷派）（男鹿市船越字船越）

古刹であるが、文化10年（1813）と明治11年の

火災で古記録が失われたという。天保飢饉では、救済活動の功績により郡方役屋に定められた。境内の周りにはケヤキの大木が10本ほどあり歴史を感ずる。

### ◆龍巖山 自性院（曹洞宗）（潟上市天王字天王）

慶長年間（1600前後）の開創。寺門の左側には八郎潟に由来する八大龍王の石碑、右側には古い地蔵尊が置かれている。境内には室町期の五輪塔（潟上市指定文化財）がある。寺宝に明兆（室町時代の画僧）の作と伝えられる「十六羅漢図」などがある。

自性院寺門の左右には古い石塔が立つ

### ◆祿壽山 圓福寺（臨済宗）（潟上市昭和大久保字小谷地）

文禄年中（1592頃）に大久保に移転し現在の名前にした。本尊は藤原成朝（平安時代の貴族）の作と伝えられる阿弥陀三尊佛（釈迦、文珠、普賢）である。この本尊は、脇本城主安東氏が代々所有していたもの

で、各方面の手を経て最後に圓福寺に安置されたとされる。

◆金川山(きんせん) 東傳寺(とうでん)（曹洞宗）（潟上市飯田川下虻川字井戸沢）

　もと男鹿にあったが、明和3年（1766）現在地に移転したとされる。現在の本堂は、昭和40年代に大改修した。大間の天井の絵（竜神、四天王、四季の草花）は土崎出身の画家・井川恵義の作である。聖農・石川理紀之助（天聖院殿実禅密行大居士）の菩提寺である。寺院は小高い山腹にあり、本堂の裏山はケヤキ、ナラ、松などの古木が茂げって広大な庭になっている。この中に墓地が長く続いている。

◆熊野山密厳寺(みつげん) 實相院(じっそう)（真言宗智山派）（井川町今戸字寺ノ内）

　菅江真澄は『ひなのあそび』で「（略）今戸の村が八郎潟の岸辺にある。そこに熊野の神をうつした寺がある。それを熊野山密厳寺という。この寺に五百年に近い年号を刻んだ墓碑が倒れ、あるいは立っている。どのような人の墓碑であろうか。ほかのところにもたいそう多く、その頃の世を考えるに後醍醐天皇の元享から崇光(すこう)天王の貞和に及んでいる。その経緯は不明とのことである」と境内に板碑があることを述べている。この板碑は9基現存し、井川町指定文化財になっている。本堂の隣に熊野神社が建っており、神仏混交の形態が残っている。（写真45頁）

◆一向山 大福寺（真宗大谷派）（五城目町大川字東屋布）

　慶長17年（1612）の創建以来、火災に遭うことなく現在に至っている。多くの寺院が火災歴のあるなかで、400年も維持されたことは珍しい。本堂は町指定文化財になっており、説明板に「（略）寛永十二年（一六三五）六月に夜叉袋村（現八郎潟町）から現在地に移転し、今の寺名になった。昭和二十四年の修理や平成八年の改築などによってある程度変化しているが、正面十六メートル、側面十四メートルの入母屋造の本堂は江戸時代初期の建築で、左右対称の二列六室の内陣・外陣・余間の欄間などにある物語を主題とした彩色彫刻など、見るべきものが多い。向拝は後補のものである。　五城目町教育委員会」と記されている。

江戸時代初期の建築とされる大福寺本堂

◆山王山 高性寺（真言宗智山派）(五城目町字下タ町)

　900年ほど前の開創といわれる古刹。門前には下町の通りがあり、500年の歴史を誇る五城目朝市が行われ、この守護神の山王堂が入り口に建っている。境内には元亨年代（1321～24）の古い石塔（宝筐印塔、五輪塔）があり、菅江真澄が『ひなの遊び』でこれに触れている。また、明治19年夏に大流行したコレラの犠牲者を悼む「疫死追悼碑」がある。めおとケヤキ（樹齢数百年で町指定文化財）やイチイの巨木も素晴らしい。

◆大龍山 珠厳院（曹洞宗）(五城目町字上町)

　寛永19年（1642）の開山といわれる。嘉永3年（1850）火災に遭い十数年後に再建されたという。現在の本堂は昭和18年の建築。本堂内の観音堂に100体の金箔押し木造の観音菩薩像（年代不明）が左右5段に並んでおり、寺宝の一つである。

◆異苗山 陽廣寺（曹洞宗）(五城目町小池字森山下)

　天正17年（1589）「湊合戦」に勝利した安東実季が、それまでの浦城を廃して岡本に岡本城を造り、安東兵部季村を配置した。そして季村がこの寺を開いたとされる。享和14年（1729）作の「殿鐘」（寺院内で使用する鐘の一つで、久保村の金屋座・歌代与右衛門作）は町指定文化財である。

## ◆華嶽山 清源寺（曹洞宗）（八郎潟町字一日市）

　昭和20年4月の一日市大火は、住宅の約9割に当たる692戸が延焼し、清源寺も被災した。現在の本堂は同24年に再建された。寺伝によると、元は森山の奥地にあったが、安東実季が不運の最期を遂げた三浦盛季（浦城主・三浦兵庫頭盛永の子）の鎮魂のため、現在地に寺を新築して寺名を石頭院として開創したとされる。寺宝に三浦盛季の座像（木像）などがある。

　境内の墓地には昭和20年の大火で焼け残ったケヤキの古木があり、当時の貴重な歴史証言になっている。寺門の前には7基の古い地蔵尊（江戸末期）があり歴史を感ずる。また、昭和5年建立の「明治天皇行在所記念碑」も目を引く。

## ◆盛医山東谷寺 常福院（真言宗智山派）（八郎潟町浦大町字里ケ久）

　高岳山の麓の高台に建つ。天正15年（1587）年開山。室町期と思われる五輪塔、宝筐印塔は町指定文化財である。寺門の脇にある首の無い六地蔵尊は、明治期の廃仏毀釈の歴史を伝えている。

　菅江真澄の「かすむ月星」に「盛医山東国寺常福院という古い真言の寺あり、花がことにおもしろく咲いていた。高岳の神に詣でようとわけのぼる…」との記述がある。

◆日王山　玉蔵寺（真言宗智山派）（三種町鯉川字内鯉川）
　　にちおう　　ぎょくぞう

　昔は男鹿の門前にあったが、佐竹氏の時代になって羽州街道が整備されて宿駅が設けられ、この頃にこの地に移転したとされる。

　昭和58年に新築した本堂は、八郎潟の湖底を掘り起こしたケヤキの巨木を柱に使用したという。このケヤキは樹齢約600年、埋没期間が約600年といわれる。

◆高嶽山　松庵寺（曹洞宗）（三種町鹿渡字勢奈尻）
　　こうがく　　しょうあん　　　　　　　　　　　　せ　な　じり

　現在の本堂は、享保年間（1716〜36）の建立で、歴史が深く古いものが多い。幾つかあげると、一つは、鎌倉期の作と伝えられる韋駄天像や毘沙門天の鉄像である。毘沙門天像について菅江真澄は『かすむ月星』で「猿田のほとりから彫り出したという鉄銅の毘沙門天王の像があった」と記している。二つはガラス室に納められた山門の大きな仁王像。三つは、寛永13年（1636）銘の殿鐘（寺院内で使用する鐘の一つ）。四つは、開創以来のものと伝えられている本堂の欄間の彫り物などである。このほか、境内には、「施主　川村近右衛門母　文化十年癸酉七月」と刻まれた大型の宝筐印塔（供養塔）や十数本のケヤキの大木群も素晴らしい。
　　　　　　　　　　　　でんしょう

　菅江真澄は『かすむ月星』で、「村のある家で宿を取ったら、火災が発生して草ぶきの家が30軒ほど焼けたので、松庵寺の御仏のかたわらに臥して朝を迎え

た」と記している。（写真 60 頁）

◆新瀧山 龍江寺（曹洞宗）（三種町鹿渡字寺後）

　昭和 28 年に集落の大火で類焼し、本尊の「釈迦牟尼仏・賓頭盧尊者像」だけが焼失をまぬがれたという。仏像の年代は不詳であるが、優れたものという。参道の入り口には「不許入葷酒」と刻まれた享和 2 年（1802）建立の珍しい碑がある。「葷酒入るを許さず」と読み、生臭いものと酒は清浄な寺門内に持ち込むことを禁ずるという意味である。また、境内には寛政 11 年（1799）の大型の宝篋印塔（施主児玉辰右エ門）が建っている。

龍江寺「不許入葷酒」の碑

◆萬松山　鳳來院（曹洞宗）（三種町鵜川字館ノ上）
ばんしょう　ほうらい

　安永2年（1773）に火災に遭い、寛政8年（1796）に再建された。安永の火災で唯一焼失を免れた雲版（寺院内で使用する鐘の一つ）は、古い年代のものとされる。大間の天井は、「はめ込み天蓋」という様式で、竜を描いたもう一つの天井を上部にはめ込んだ造りである。この八方睨みの竜の絵が素晴らしい。位牌堂の上には羅漢堂があり、寺宝の十六羅鑑（釈迦三尊と合わせて20体。京都の仏師・西田立慶の作で、享和・文政時代のものと推定）が安置されている。広い境内には杉やモミの古木がそびえている。（写真62頁）

## ⑩遺構、文化財

　湖畔にある遺構、文化財のなかから、渡部斧松翁遺跡、石川理紀之助遺跡、小玉家住宅、大山家住宅、飯塚神明社観音堂、防空監視施設跡の6点を紹介する。

### ◆渡部斧松翁遺跡 （男鹿市払戸字渡部）

　渡部斧松（1793〜1856）は、山本郡桧山に生まれた。文政3年（1820）に伯父惣治と力を合わせて男鹿市五里合の滝の頭から水を引き、荒れ地だった鳥居長根（現在の渡部地区）の新田開発を行った。文政8年完成し、付近の村々から入植者を集め新しい村づくりを実施し、村の法を定めた。この「村法碑」（市指定文化財）が正門前に保存されている。入り口に「渡部斧松翁遺跡」の標柱が立っている。（写真23頁）

### ◆石川理紀之助遺跡 （潟上市昭和豊川山田字家の上）

　県指定史跡。石川理紀之助（1845〜1915）は、明治から大正初期にかけての農村指導者であり、「寝ていて人を起こすことなかれ」を信念として生涯貫き通した。種苗交換会を創設し、2県、8郡、49カ町村の経済調査、土壌調査を行い730余冊の「適産調」を著した。晩年の住居・尚庵を中心に「備荒倉」「石川家墓所」「三井文庫」「石川会館」など一帯が県史跡に指定されている。

石川家の墓所

## ◆小玉家住宅（潟上市飯田川飯塚字飯塚）

　国重要文化財（平成20年指定）。母屋と並んで文庫蔵、米蔵、車庫があり、いずれも大正12年（1923）に完成した。母屋は良質な秋田杉を用い、近代の和風建築として価値が高い。小玉家は、小玉醸造株式会社の創業家で、家業のみならず地域の振興にも尽力された。一般公開は年一回だけである。

## ◆大山家住宅（三種町鵜川字飯塚）

　国重要文化財（昭和48年指定）。大山家は、江戸時代に村役人をつとめた旧家で、住宅は江戸時代末期の建築とされる。昭和56年に修復工事を行っている。説明板に「外観上の大きな特徴は、主屋下手前方に馬屋を突出し、その正面に通常の出入口である大戸口を

設けている「中門造り」にあります。屋根の頂上には野芝を自生させ、屋根の長持ちを図っています。上手南面には、こば葺きのひさしに農家にはめずらしい町家風の出格子(でこうし)を取り付けています。中門部分を含む軒は四周「船枻(せがい)」(うで木を利用して茅を支えている柱の部分)を張り出しております。この船枻は当時上流階級のみに藩より許可されていたものです。内部は一切の装飾を廃除し単純構成に徹し、わが国の伝統的な木造建築の木質美をそなえており、そこに住居空間の安らぎを与えています」と記されている。内部の見学は三種町八竜教育振興課に連絡が必要。(写真63頁)

### ◆飯塚神明社観音堂 （潟上市飯田川飯塚字中山）

　国指定重要文化財。説明板に、「神明社観音堂は、室町末期に八郎潟東岸で建立されたのちに現在地に移転したと伝えられる。現在の観音堂は、享保19年(1734)銘がある棟札によって江戸中期に再建されたものと考えられている。形式は一間社、入母屋造、こけら葺(ぶ)き、平入りで、正面に唐破風の向拝をつけており、（中略）この堂独特のものがみられ、小堂ながら近世初期から中期にかけての建築技術の系統を探るうえで貴重な指標を提示しており、昭和27年に国の重要文化財に指定された。　飯田川町教育委員会」と記されている。(写真42頁)

### ◆防空監視施設跡（男鹿市船越一向）

　太平洋戦争中、敵機や敵船の見張りをした施設で、一向の海岸近くに所在。男鹿市では、入道崎、戸賀、門前、船川にも置かれていたが、木造のため消滅し、コンクリート造りの船越だけが残っている。業務は警察が取り仕切り、青年団を中心に住民が交代しながら24時間監視したという。

防空監視施設

## ⑪古木、巨木

　湖畔には多くの古木、巨木がある。市や町が保存樹、天然記念物に指定したものを中心に掲載した。杉と松以外はカタカナ表記にした。幹回りは地上から130cmの幹の周囲で、胸高、根回りとも呼ぶ。

◆**荒神社のイチイ**（男鹿市八ツ面地内）
　八ツ面集落内の荒神社の境内に生えるイチイの古木で、推定樹齢250年。市指定保存樹。

◆**土花墓地のエノキ**（男鹿市土花地内）
　墓地内に生えるエノキの大木で、根回り約460cm。市指定保存樹。

◆**本内星辻神社のイチョウ**（男鹿市本内字虚空蔵下）
　境内に生えるイチョウの大木で、推定樹齢250年。市指定保存樹。

◆**八卦の松**（男鹿市福米沢字八卦）
　潟西中学校敷地近くに生える黒松で、幹回り約520cm、推定樹齢300年。市指定保存樹。

◆**福米沢熊野神社のイチョウ**（男鹿市福米沢地内）
　境内入り口に生えるイチョウは、幹回り約340cm、推定樹齢200年の大木。境内の奥に生えるケヤキは幹回り約570cm、推定樹齢300年の大木で、ともに市指定保存樹。（写真17頁）

◆**福米沢墓地のケヤキ**（男鹿市福米沢地内）

　墓地内に生える3本のケヤキの大木である。根回り427cm。市指定保存樹。

◆**鵜木稲荷神社の親杉**（男鹿市鵜木字鵜ノ木）

　境内入り口に生える杉の巨木で、幹回り約570cm、推定樹齢400年。旧若美町では一番の古木とされる。市指定保存樹。（写真20頁）

◆**角間崎稲荷神社の黒松**（男鹿市角間崎字百目木(どどめき)）

　境内に生える古木で、根回り約320cm。推定樹齢200年。市指定保存樹。

◆**福川のヒメコマツ**（男鹿市福川集落内）

　吉田家の宅地内に生える松で、地上70cmのところで幹が4本に分岐して枝がはうように延び、珍しい姿をしている。根回り約200cm。市指定保存樹。

◆**寶光院(ほうこういん)の杉**（男鹿市脇本百川字相ノ沢）

　境内に生える大木で、十数本そびえている。

◆**樽沢中山神社の大イチョウ**（男鹿市脇本樽沢字立石）

　神社の入り口に生える巨木で、幹回り約800cm、推定樹齢400年。市指定天然記念物。

◆**宗泉寺境内の百日紅(さるすべり)**（男鹿市脇本浦田字丸森）

　境内入り口の左手に生える古木で、推定樹齢3、400年。

◆**大倉三島神社参道の杉**（男鹿市脇本富永字大倉）

　参道の石段（約60m）の左右に生える大木で、数

本そびえている。

◆ **萬境寺の二股のモミ**（男鹿市脇本脇本字横道道上）

　本堂の前に生える二股のモミで、安東愛季が植えたといわれ、殿様お手植えのモミと呼ばれる。幹回り約350cm、推定樹齢450年。（写真31頁）

◆ **脇本天神様の細葉の椿**（男鹿市脇本字七沢）

　菅原神社の脇に建つ天神様の前に生えるヤブツバキの古木である。説明板に「菅江真澄の遊覧記に"天満宮の神垣にはいって額づく、実季も友季も、この神を朝夕に祈り敬い、その社前に占いなどしたことだろう。細葉の椿という古木がある。生い茂る細葉の椿ふとまにの、うらなみかけて、八千代経ぬらし"という一節を残している。ヤブツバキの一種で葉が細く、四月中旬からピンク色の花弁をつける。長い年月の風雪に耐え、脇本城の栄枯盛衰を見守ってきたことであろう。樹齢400年以上と推定される。　男鹿市教育委員会」と記されている。

◆ **お役屋の松**（男鹿市船越字八郎谷地）

　船越公民館敷地内に生える古木で、説明板に「鈴木重孝編著による古文書「キヌブルイ」によると、郡方「役屋」が船越におかれたのは、文化11年（1814）9月であり、翌12年4月には、立派な建物が建てられた。一時閉鎖の後、文政9年（1826）に復活し、嘉永7年（1854）12月に現在地に移建されたとされている。

佐竹藩主は、毎年鷹狩り、鹿狩り等で男鹿に猟遊され、度に船越で宿をとったと記録されており、船越地区は「役屋」を中心に、街道、街並みなどの整備充実がすすめられたと推測される。この松は、当時「役屋」の庭に植えられた松の一本で、往時の名残をとどめる唯一のものである」と記されている。（写真34頁）

◆**清松寺のイチョウ**（男鹿市船越字寺後）

　境内に生えるイチョウの大木である。幹回り約400cm。

◆**東湖八坂神社のケヤキとサイカチ群生林**（潟上市天王字天王）

　ケヤキは境内入り口に２本生え、幹回り約350cm、推定樹齢300年とされる。サイカチは境内に20本ほどが群生していたが、老木となり現在は本数が減少している。どちらも市指定天然記念物。

◆**大崎諏訪神社の餅膚の秋田杉**（潟上市大崎字上沖中谷地）

　境内に生える樹皮の美しい秋田杉で、幹回り約270cmとされる。市指定天然記念物。

◆**大久保月山神社のケヤキ**（潟上市昭和大久保字高田）

　境内に生える２本のケヤキの大木で、幹回り約540cm、推定樹齢320年とされる。市指定天然記念物。

◆**下虻川神明社のケヤキ**（潟上市飯田川下虻川字屋敷）

　寛文４年（1664）に２代藩主・佐竹義隆公がこの神社を建立した際に植えられたと伝えられる。６本あ

り、いずれ劣らぬ巨木で、幹回り約650cm、推定樹齢340年とされる。市指定天然記念物。（写真40頁）

◆**和田妹川神明社のモミ**（潟上市飯田川和田妹川字和田山）

　鳥居の右側に生えるモミの大木で、説明板に「昔、和田妹川の産土神である愛宕神社は、鬼王館（きおうだて）の盛時に、大宮沢の西の小川にあったが火災で焼失し、後の慶長２年（1597）に現在地に建立されたと伝えられる。鳥居のモミの木は、その時植えられたものと思われ、長い歴史を持ち、威容は実に堂々としており保存に値する。潟上市教育委員会」と記されている。幹回り約440cm、推定樹齢400年。市天然記念物。

◆**おせど（御伊勢堂）のケヤキ**（井川町浜井川字家の東）

　御伊勢堂に生えるケヤキの大木で、幹回り約530cm、推定樹齢270年とされる。境内には板碑を保存した祠がある。昔、羽立神明社（田中神明社に合祀）があったという。町指定保存樹。

◆**大川菅原神社のケヤキ**（五城目町大川大川字東屋布）

　境内に数本のケヤキの大木が生えている。菅江真澄の『雪の山越え』に「…特に年ふる大槻（おおつき）が五、六本生えている」とあるが、このケヤキなのかは不明。

◆**五城目神明社のイチョウと杉**（五城目町字神明前）

　イチョウは社殿の前に生える大木で、町天然記念物に指定されており、幹回り約460cmである。杉は境内の南側に生えており、幹回り約470cmの大木である。

### ◆高性寺のめおと（夫婦）ケヤキ（五城目町字下タ町）

境内にある2本のケヤキで、めおとケヤキと呼ばれ、昭和51年に町天然記念物に指定されている。幹回り約620cm、推定樹齢400年の巨木である。このほかにイチイの大木もある。

### ◆清源寺境内のケヤキ（八郎潟町字一日市）

境内の墓地にあるケヤキで、幹の半分に焼けた痕跡をとどめている。昭和20年4月の一日市大火は、住宅の約9割に当たる692戸が延焼し、清源寺も被災した。この時焼け残った古木で、大火の歴史を証言している。

### ◆野田神社のケヤキ（五城目町野田字合野）

社殿の裏手にあるケヤキの巨木で、説明板に「文化6年（1809）ここを訪れた菅江真澄は『ひなの遊び』に乳房槻（ちちふさつき）のスケッチを載せている。形の良い二つの乳があるところから母乳の神とされている。樹齢1000年、樹高約21m、目通り約6.5m」と記されている。町指定天然記念物。（写真49頁）

### ◆夜叉袋諏訪神社のケヤキ（八郎潟町夜叉袋字一向堂）

境内の入り口に生える2本のケヤキの巨木で、門のように左右にそびえている。幹回り約390cm、推定樹齢260年。

### ◆副川神社里宮のモミと杉（そえがわ）（八郎潟町浦大町字里ケ久）

里宮の参道に生える大木で、幹回りはモミが約510

cm、杉が約450cmである。浦城上り口の駐車場から100mほどで里宮の鳥居に至る。

### ◆松庵寺のケヤキ（三種町鹿渡字勢奈尻）

境内に10本を超えるケヤキの大木が生える。幹回り約340cm、推定樹齢300年。ほかに、ドウダンツツジとイチイの古木もある。

### ◆川尻新町のケヤキ（三種町川尻字熊屋敷）

集落の南方向（川尻橋の近く）にある大木で、幹回り約500cm、推定樹齢は380年。

### ◆一本松竜神（三種町鵜川字西鵜川）

国道7号から鵜川集落に入る分岐口に生える黒松の古木で、町指定天然記念物（昭和45年指定）である。幹回り約550cm、推定樹齢230年。説明板に「（略）二本の枝をもち、一本は八郎潟に向かい一本は山に向かっています。その形が竜に似ているところから昔から一本松の竜神と呼び、水神として漁師は操業の安全や豊漁を願い農民は豊作を祈ってきました。干ばつのときなどは、熊野神社に奉納してある竜頭にワラであんだ竜体をつけて、この木にのせ雨を祈願したりしました（略）。　昭和56年　八竜町教育委員会」と記されている。松の根元に文政4年（1821）と安政3年（1856）の庚申塔が立っている。

### ◆鵜川熊野神社のケヤキ（三種町鵜川字宮比台）

八竜幼稚園の脇から石段の参道を100mほど上っ

た山腹に社殿が建つ。その脇にケヤキの大木が2本生えており、大きめの方がご神木である。幹回り約540cm、推定樹齢は380年。参道には年輪を経た数本の杉の大木もある。

◆**大口三吉神社のケヤキ**（三種町大口）

　太平山三吉神社に生えるケヤキの大木で、幹回り約470cm、推定樹齢400年。

◆**姥御前神社のケヤキ**（三種町芦崎字芦崎）

　せいぶ館（地区会館）の後方にあり、境内に5本のケヤキの大木が生えている。鳥居の近くのケヤキが1番大きく、幹回り約420cm、推定樹齢380年。

八卦の松

162 ● ⑪古木、巨木

細葉の椿

月山神社のケヤキ

和田妹川神明社のモミ

高性寺の夫婦ケヤキ

清源寺のケヤキ

夜叉袋神社のケヤキ

副川神社のモミ

一本松竜神

## ⑫石碑、石造物

　板碑同様、湖畔には多くの石碑や石造物がある。人々の信仰心の深さによることに加え、石材が豊富な寒風山や森山などが近くにあったことも要因と思われる。この中から古いものや特に目立ったものを取り上げてみた。

### 【人物碑】
◆**「彰功碑」**（男鹿市野石字天山地内）

　江戸時代の野石村肝煎（村の長）の佐藤弥惣右門を称えた碑。当時、野石村（男鹿市）と芦崎村（三種町）は、境界論争が絶えなかった。元禄の頃、野石地区の人々が難破船の積荷を盗んだ疑いをかけられたとき、身代わりとなり罪を受け、命と引き換えに大谷地まで野石の土地として認めさせた。元禄7年（1694）処刑された。碑は大正元年（1912）の建立であり、100年を超える年月が経過し文字が風化して読み取れなくなっている。（写真15頁）

◆**中田五平「頌徳碑」**（男鹿市渡部集落地内）

　中田五平（1837～1921）は、払戸村の初代村長となり、村の発展に長年尽くした。大正10年（1921）建立。

◆「鈴木重孝翁文勲碑」（男鹿市船越公民館敷地）

　鈴木重孝（1811～1863）は、嘉永5年（1852）に「絹篩（きぬぶるい）」（男鹿50余村の地誌）を著した。昭和47年建立。

◆「木村謹治先生生誕の地」（五城目町大川農村環境改善センター前）

　木村謹治（1889～1948）は、ゲーテ研究の第一人者。昭和60年建立。

【道標碑、丁場碑】

◆道標石（野石）（男鹿市野石共同墓地内）

　正面の青面金剛像の両脇に「右舟こし（船越）道　左北道」とあり、文久3年（1863）銘が刻まれている。現在は野石共同墓地内に置かれているが、信号機付近にあったものを道路工事の際に移動したと思われる。

◆道標石（エゾカ台）（男鹿市鵜木字エゾカ台の台地）

　正面に「庚申塔　右中石（ちゅういし）道　左しび川（しびかわ）（鮪川）道」、右側面に「天明八年（1788）」と刻まれている。現在はエゾカ台古墳跡の一角に置かれているが、男鹿市五里合字鮪川方向、同中石方向の分岐路にあったものを道路工事の際に移動したと思われる。

◆道標石（鵜木）（男鹿市鵜木稲荷神社境内）

　正面に「金毘羅（こんぴら）大権現供養塔　文政元年（1818）右道ふく免（福米沢）　左やまみち（山道）」と刻まれ

ている。中ほどから二つに折れ、稲荷神社の境内に置かれている。神社手前の分岐路に建てられていたものを道路工事の際に移動したと思われる。

◆**道標石（角間崎）**（男鹿市角間崎字牛込の三差路）

　正面に「七庚申　天保十四（1843）　右ハ北道　左南道」と刻まれている。8基の石塔があり、この中の一つである。

◆**道標石（角間崎）**（男鹿市角間崎字牛込の三差路）

　『若美町史資料』によると、正面に「文政二年（1819）庚申」、右側面に「右北磯道」、左側面に「左脇本道」と刻まれているとされるが、他の石塔が覆いかぶさって確認できなくなっている。前記の道標石と同じ場所にある。

◆**道標石（浜田）**（三種町上浜田の十字路）

　正面に「庚申」、左側面に「ひ太り大らゑ」（左は往来＝本道）、右側面に「みきり化みつ」（右は化け道＝行き止まり）と刻まれている。ドラゴンクリニックの横にある。建立年不明（台座に刻まれていたと思われるが、この石は紛失している）。

◆**郡界碑（天瀬川）**（三種町天瀬川集落南端）

　「従是北山本郡」（従是北、山本郡）と刻まれ、南秋田郡との境界碑である。建立年不詳であるが、羽州街道に設置されたものなので藩政期と思われる。

## ◆丁場碑（鹿渡）（三種町「琴丘歴史民俗資料館」入口）

「従是下(しも)千六百貳拾間鹿渡村丁場」と刻まれ藩政時代の道路管理の担当区間を示したもの。建立年不明。

道標石（鵜木）

道標石（浜田）　　郡界碑（天瀬川）　　丁場碑（鹿渡）

## ⑫石碑、石造物

### 【羽州街道一里塚跡碑】

羽州街道は藩政時代の主要道路で、秋田領内は院内峠（湯沢市）から矢立峠（大館市）までであった。この間に一里塚（約4kmごとに造られた道路標識）が64カ所にあった。湖畔では、大久保（江戸から148里の地点）、飯塚、今戸、夜叉袋、天瀬川、山谷、新屋敷の7カ所にあったが、すべて姿を消している。次の5カ所には跡地碑が造られている。

◆「一里塚跡」（井川町今戸字大堤）（平成6年建立）

◆「一里塚」（八郎潟町夜叉袋字後谷地）（平成5年建立）

◆「一里塚跡」（三種町天瀬川字潟端）（昭和57年建立）

◆「一里塚跡」（同山谷字大畑野）（昭和42年建立）

◆「一里塚跡」（同鹿渡字赤坂往還東）（昭和56年建立）

### 【慰霊碑】

◆「招魂碑」（男鹿市船越字一向）

市指定文化財。天保4年（1833）の飢饉（通称・巳年のケカチ）で、男鹿地区では2500人を超える人たちが死亡した。この供養のため、13回忌の弘化3年（1846）に建立された。

◆「萬霊供養塔」（潟上市飯塚下町墓地）

市指定文化財。天保4年の飢饉で、餓死や病死した人たちのため、飯塚の豪農門間長之丞が石塔を建て供養したとされる。天保6年（1835）の建立である。

◆「疫病追悼碑」(五城目町下夕町高性寺境内)

明治19年(1886)8月にコレラが大流行し、五城目地区で161人の犠牲者を出した。7回忌の同25年、この人たちを追悼して建立された。

◆「慰霊碑」(男鹿市船越近隣公園内)

昭和8年9月、南秋田郡青年団体育大会に行く途中、船越・天王の青年21人が八郎潟湖上で遭難し死亡した。その慰霊のため翌9年に建立された。

◆「殉難者慰霊碑」(男鹿市脇本樽沢中山神社境内)

碑文に「昭和十二年二月十八日部落総会の開会中、会場の中山神社舞殿が積雪の重みで突然倒壊し約六十名の出席者が閉じ込められ、住民や消防団員の必死の救助活動のさなか、炭火による火災で正副会長供六名の犠牲者を出す大参事となった。あれから五十年、ここに殉難者を偲びその慰霊のため、この碑を建立するものである　昭和62年の建立」と刻まれている。

◆「満州開拓団慰霊碑」(男鹿市大倉延命寺境内)

この碑は脇本字上野の山内六助氏が中心となり、昭和43年に建立したものである。

昭和12年、山内氏は脇本地区の満州開拓団の一人として旧満州(中国東北地方)に移民した。終戦により多くの人たちが亡くなり、この歴史を語り継ぐとともに亡くなった人たちの慰霊のため建てたという。平

成17年には母子地蔵を建立し、引き揚げの途中に親子が離れ離れになった悲惨さも伝えている。

「招魂碑」（船越）

「萬霊塔」（飯塚）

## 【魚、動物供養碑】
### ◆八龍神社の魚類供養碑群（男鹿市船越八郎谷地）
　市指定文化財。魚類の供養碑など十数基の石塔が並んでいる。最も古いものは、文久元年（1861）の古鯔(ぼら)供養碑である。

### ◆一向石碑群（男鹿市船越一向）
　一向の海岸寄りにある。魚類供養塚やハタハタ供養塚など近くにあった石塔6基を集めたもので、古いものは安永4年(1851)、新しいものは大正14年(1925)である。

### ◆ボラ塚（潟上市天王塩口字金木鼻地内）
　市指定文化財。漁師たちがボラの霊を供養するため建てた石碑。6基の石塔があり、「鯔」「鰡」などの文字使用されている。1番古いのは安政6年（1859）、新しいのは昭和26年である。（写真37頁）

### ◆「大漁供養塔」（潟上市天王字塩口地内）
　市指定文化財。ボラ塚同様、漁師たちが魚の霊を供養するため建てた碑で、明治7年（1874）の建立である。隣には八郎神社碑がある。

### ◆魚供養碑（八郎潟町夜叉袋字後谷地地内）
　中央に「魚供養」とあり、右側に「文化十年（1813）」、左側に「七月吉日」と刻まれている。地元の漁師が魚を供養したもので、真坂との境界付近の路傍にある。

◆**魚供養碑**（八郎潟町真坂字大川作地内）

　正面に「阿弥陀三尊　漁等供養塔」とあり、右側に「龍魚諸鬼難　天保八年（1837）」、左側に「或漂巨海酉十二月」と刻まれ、魚魂を鎮め、水難の防止を祈ったものとされる。

◆**「蠶神供養塔」**（男鹿市鵜木永源寺境内）

　正面に刻まれた「蠶」は蚕の旧字で、繭を生産する蚕を供養した碑であり、県内ではとても珍しいという。風化して年号が読み取れなくなっている。

◆**「蠶神供養塔」**（三種町鵜川萱刈沢地内）

　右側面に「寛政十二年（1800）寅七月十六日」と刻まれており、江戸時代から養蚕が行われたことを裏付けている。この種の碑は前述したように県内では珍しいという。

夜叉袋の魚供養碑

真坂の魚供養碑

永源寺の「蠶神供養塔」

萱刈沢の「蠶神供養塔」

## 【江戸期の宝筐印塔】

### ◆本明寺境内の宝筐印塔（男鹿市脇本字横町道上）

文政5年（1822）建立。法華経6万9000余の文字を石に刻み奉納したもので、高さが5mを超え湖畔部では最大の大きさである。（写真31頁）

### ◆松庵寺境内の宝筐印塔（三種町鹿渡字勢奈尻）

文化10年（1813）に鹿渡の肝煎・川村近右衛門母が建立。高さ約3m。

### ◆龍江寺境内の宝筐印塔（三種町鹿渡字寺後）

寛政11年（1799）に土地の豪農・児玉辰右エ門が建立。高さが約4m。

## 【明治天皇巡幸碑】

明治14年（1881）、明治天皇は北海道と東北6県を巡幸した。9月11日、矢立峠から秋田県に入り、22日院内峠を越えて山形県に向かった。湖畔では、9月14日午後2時過ぎ川村藤右エ門家に休憩、同3時三倉鼻で休憩、同5時清源寺に着き宿泊、翌15日円福寺で休憩、同大清水北野で休憩された。このうち4カ所に記念碑が建立されている。

### ◆「明治天皇御聖蹟碑」（三種町鹿渡字町後川村家敷地）

昭和3年建立。

### ◆「南面岡碑銘」（八郎潟町真坂南面岡公園）

明治14年建立。

◆「明治天皇行在所記念碑」
(八郎潟町清源寺境内)

　昭和5年建立。傍らに明治天皇が稲刈り作業の天覧を記念した「観農碑」(昭和4年建立)がある。

◆「明治天皇北野御小休所」
(潟上市昭和大久保字北野街道端細道添地内＝大清水北野)

　昭和11年建立。傍らに「潟上市指定史跡　明治天皇御休所」(昭和53年9月指定)の標柱がある。

「明治天皇行在所記念碑」
(清源寺境内)

【石仏、石神】

◆「人丸大明神」碑 (男鹿市脇本樽沢字立石)

　高さ約4mの巨大な自然石を使用し、正面に「人丸大明神」、側面に「嘉永元戊申(1848)九月中建立」と刻まれ、7人の名前がある(小室6、柿本1)。万葉歌人の柿本人麻呂の末流の人たちが建立したと推測されている。戦前は天然痘を防ぐ神様として信仰されていたが、現在は訪れる人もいなく、あまり知られていないようである。樽沢から寒風山山麓農道線に通ずる市道を1km余り進んだ山林(杉林)の中にある。(写

真 26 頁）

◆**六尺石地蔵尊**（三倉鼻公園山頂）

　高さ 180cm 余りの大きな地蔵尊。八郎潟の水難事故で亡くなった漁師たちの供養と安全を祈願し、46 名の寄付によって建立されたとされる。宝暦 9 年（1759）建立。同年の「救漁地蔵尊造立奉願帳」が天瀬川の民家に残されている。菅江真澄は、この地蔵尊を図絵にしている。

◆**一本木の観音像**（三種町鹿渡字一本木地内）

　高さ約 160cm の石の観音像。宝永（1704～10）の文字が刻まれている。

六尺石地蔵尊

一本木の観音像

## 【石碑群】

### ◆角間崎の庚申碑群（男鹿市角間崎岡見沢地内）

市営住宅のやや上にあり、30基の庚申碑が並んでいる。最も古いものは享和2年（1802）銘、新しいものは昭和24年である。

### ◆渡部神社参道の石塔群（男鹿市払戸字渡部）

参道に庚申塔、太平山、象頭山（ぞうずさん）などの石塔が左側に52基、右側に18基並んでいる。古いものが天保13年（1842）、新しいものが昭和10年である。大半が天保、安政、文久年号である。

### ◆百川の「百萬遍供養塔」（男鹿市脇本百川地内）

集落の北外れ（角間崎寄り）に18基の石碑が「百川下老人クラブ」によって集められている。天保、明治などの年号がかすかに残っている。

渡部神社参道の石塔群

## 【三十三所観音碑】

◆**角間崎墓地**（男鹿市角間崎字岡見沢）（年号は読み取れない）

◆**福昌寺境内**（男鹿市福川字福川）（年代不詳）

◆**渡部忠魂碑広場**（男鹿市払戸字渡部）（すべて大正3年銘）

◆**峰玄院境内**（男鹿市払戸字小深見）（すべて大正年代）

◆**寶光院境内**（男鹿市脇本百川）（年代は不詳。ほかに6尺5寸の大きな地蔵尊がある）

◆**宗泉寺境内**（男鹿市脇本浦田字丸森）（年代は不詳であるが、歌が刻まれている）

◆**龍門寺境内**（男鹿市船越字船越）（文久2年、明治4～18年銘が読み取れる）

◆**清松寺境内**（男鹿市船越字寺後）（観音碑の一番は嘉

清松寺境内の三十三所観音碑

永元年と刻まれている。ほかに寛政7年銘の常夜灯がある）

◆**自性院境内**（潟上市天王字天王）（すべて昭和10年代である）

◆**飯塚神明社境内**（潟上市飯田川飯塚字中山）（文化10年の一番碑は平成16年再建されている）

【その他】
◆**渡部村村法碑**（男鹿市払戸地内）

　市指定文化財。渡部家住居跡の正門前に立ち、高さ約2mの碑。安政3年（1856）に渡部斧松と長男謙助により建立。23カ条の村の決まりが石柱にびっしり刻まれている。昭和53年に町文化財第1号に指定された。（写真23頁、208頁）

◆**「不許入葷酒」**（三種町鹿渡龍江寺入口）

　「葷酒入るを許さず」と読む。葷はネギ、ニンニクなど臭いの強い野菜のことで、生臭いものと酒は、清浄な寺門内に持ち込むことを禁止するという意味である。享和2年（1802）建立。これと同じものが数カ所の寺院にあるが、この碑が一番古いようである。

◆**田村多助之墓**（三種町鯉川字上谷地内）

　「農兵として慶応四年戊辰（1868）九月十九日夜、秋田郡比内赤沢薬師戦争之節、討死行年三十六歳、官軍秋田藩田中多助之墓」と刻まれている。明治2年

（1869）建立。戊辰戦争の石塔は湖畔ではここだけのようである。

◆**姉コ石**（潟上市飯田川下虻川豊川橋付近）

　昔、力試しの石であった。この石を持ち上げると好い嫁をもらえるというので、若者たちが集まり力比べをした。この種の力石は県内各地にあるようだが、湖畔ではここ以外は不詳である。

お堂の中にまつられている「姉コ石」

## ⑬湖畔にある公園

　湖畔にある公園のなかから、日本国花苑、三倉鼻公園、秋田県野鳥の森、はねがわ森林公園、生態系公園、南の池公園、大潟草原鳥獣保護区の７カ所を紹介する。

### ◆日本国花苑（井川町）

　日本各地から200種、2000本の桜を集めて植樹された公園で、全国に数カ所しかない学術的にも貴重な施設である。昭和47年に、井川小の発足（井川東、井川西小が統合）、立県百年、いこいの森の県指定などを記念して開園された。平成12年からは彫刻コンクールを実施し、総面積40haの桜と彫刻の公園として四季を通じて親しまれている。

### ◆三倉鼻公園（八郎潟町）

　三倉鼻は、八郎潟町と三種町との境界にある山で、昔から湖畔屈指の景勝地として広く知られ、幸田露伴や正岡子規など多くの文人墨客も訪れている。明治34年（1901）、奥羽本線の開通により山が掘削され、２カ所に分かれたため、鉄道から国道７号寄りを三倉鼻公園、東側を南面岡（ひづらおか）公園として整備されている。南面岡の名前は明治14年（1881）に明治天皇がこの地を巡幸した際に付けられたという。

　三倉鼻公園には「正岡子規句碑」「干拓調査記念碑」

「六尺石地蔵尊」などがあり、南面岡公園には「明治天皇行在所跡記念碑」「芭蕉翁句碑」などがある。

## ◆秋田県野鳥の森（五城目町）

　面積43.5haの森林公園。昭和48年5月に常陸宮ご夫妻をお迎えして開場式を行った。百数十種の樹木があり、キジ、ヤマドリ、リスなど60種以上の鳥獣が生息している。公園内にはケガや病気した鳥獣を保護する「鳥獣保護センター」や野鳥、樹木などを観察できる「愛鳥山荘」がある。全域に散策路が造られており、自然に親しむ絶好の場所である。

## ◆はねがわ森林公園（三種町）

　羽根川ダムを中心に四季折々の風景が楽しめる公園。秋田県内には多くのダムがあるが、ほとんどが内陸部の山手方向にあり、八郎湖畔ではここだけである。休憩施設「はねがわ湖水館」は木材をふんだんに使ったハート型の建物である。

## ◆生態系公園（大潟村）

　野外公園と観賞温室の二つからなる。野外公園はブナ林、ケヤキ林、スギ林など、テーマごとの10のエリアがあり、秋田の自然を再現するよう努めており、四季を通じていろいろな情景を楽しむことができる。鑑賞温室は、三つのガラス温室があり、約500種2000株の植物が栽培され、年間を通して楽しむことができる。

### ◆大潟草原鳥獣保護区（大潟村）

昭和48年、幻の鳥と思われていたオオセッカの繁殖が秋田県内で初めて確認されたことをきっかけに、同52年に国指定大潟草原鳥獣保護区に認定された。野鳥観察舎が建設され、四季折々に80種類ほどの野鳥を観察できる。

### ◆南の池記念公園（大潟村）

八郎潟干拓工事の完工（昭和51年）を記念し整備された公園。軟弱地盤の工事で大活躍した「浚渫船（しゅんせつせん）」に取り付けられた泥を飛ばすカッター（回転刃）の展示や入植者全員の氏名を刻んだ記念碑があり、春は桜やツツジが咲き、夏はキャンプもできる。

浚渫船のカッター

# 3章 湖畔を訪れた文人の足跡

　古くから湖畔には多くの文人墨客が訪れている。このなかから、菅江真澄、与謝野蕪村、古川古松軒（ふるかわこしょうけん）、伊能忠敬、イザベラ・バード、幸田露伴、正岡子規、田山花袋の８人について紹介する。
　また後段には石田玲水氏、松岡正樹氏を取り上げた。この章の趣旨とはやや異なるが、両氏の詩は八郎潟への思いが強く込められているので全文を掲載する。

◆菅江真澄（1754〜1829）

　三河の国（愛知県東部）に生まれ、秋田に滞在するようになったのは享和元年（1801）からである。文政12年（1829）に亡くなるまで県内各地を訪ねて、多くの著書を残した。

　湖畔に関する本を挙げると、『雪の道奥雪の出羽路』『男鹿の秋風』『ひなの遊び』『かすむ月星』『氷魚の村君』『男鹿の春風』『軒の山吹』である。訪ねた地区名を一つひとつ記載し、寺院や神社についてはその由来や宝物も取り上げている。足を運んだ湖畔の集落を列記すると次のようになる。

　『雪の道奥雪の出羽路』は享和元年（1801）に、深浦（青森県）から岩館（八峰町）に入り、久保田（秋田）に向かった記録である。新屋敷、浜村、鹿渡、鯉川、三倉鼻、夜叉袋、一日市、馬場目川、今戸、飯塚、大久保、新関が記されている。

　『男鹿の秋風』は文化元年（1804）に、久保田から能代に向かった記録である。江川、天王、雄潟の渡し（船越水道）、船越、寒風山、浦田、飯ノ森、払戸、福川、角間崎、鵜木、滝の頭、道村、松木沢、本内、福米沢、土花、野石、宮沢、五明光、追泊、大谷地、芦崎、大口、浜田、大曲、萱刈沢が記されている。

　『かすむ月星』は文化3年（1806）、能代に滞在して近郷を巡遊した記録である。浦横町、高岳山、真坂、

天瀬川、鯉川、鹿渡、牡丹、二ツ森、森岳が記されている。

『ひなの遊び』は文化6年（1809）の記録である。五城目町山内に宿泊し、五城目、今戸、小今戸を歩いたことが記されている。

『氷魚の村君』は文化7年1月の記録である。五城目町谷地中に滞在し、正月行事や八郎潟の氷下漁をスケッチしている。54図の絵が描かれているのが特徴。

『男鹿の春風』は文化7年春の記録である。谷地中を出立し、小池、夜叉袋、真坂、天瀬川、鯉川、山谷、鹿渡、浜村、新屋敷、牡丹、二ツ森、安戸六、川尻、鵜川、大曲、浜田、大口、芦崎、釜谷を回り能代に向かった。

「菅江真澄の道」の説明板（宮沢）

『軒の山吹』は文化8年の記録である。金足（秋田市金足）を中心に、大久保、田屋、龍毛、下虻川を回ったことが記されている。

「男鹿市菅江真澄研究会」と「五城目町菅江真澄研究会」では、真澄が記録した土地のすべてに標柱を設置している。

## ◆与謝野蕪村 （1716〜1783）

摂津の国（大阪市）生まれの俳人・画家。寛保2年江戸を去り、関東、東北一円を旅した。この時の紀行文が『新花摘』としてまとめられている。この中の一節が「蕪村句碑」として夜叉袋諏訪神社に建てられている。現代語訳にしているのでそのまま紹介する。

「出羽の国から、みちのくの方へと旅をしていたら、山中で日が暮れてしまった。やっとのことで「夜叉袋」という村里に着き一晩泊めてもらうことにした。すると、夜通し「ごとごと」という音が聞こえてくるので不思議に思って出てみると、古寺の広庭で年をとった男の人が臼で麦を搗いているのだった。私もそこら辺をまわってみた。月は森山の姿を映し出し、涼しい風が竹やぶを吹き渡り、明るい月夜の美しさは言葉で言い表せないほどだった。この老人は昼の暑さを避けて夜に麦搗きをしているのだそうだ。近寄って名前を聞いてみたら宇兵衛と答えた。　涼しさに麦を月夜の卯

湖畔を訪れた文人の足跡 ● 191

夜叉袋諏訪神社の「蕪村句碑」

兵衛かな　蕪村」

◆**古川古松軒**（1726〜1807）
　備中の国（岡山県）生まれ。広く全国各地を巡り、『西遊雑記』や『東遊雑記』などの旅行記を著した。この一つ『東遊雑記』は、天明8年（1788）に古松軒が幕府巡見使に随行して、東北地方、北海道の端までの見聞録である。羽州街道を北上し、7月10日に八郎潟町一日市に泊まり、翌11日は能代まで進んだ。11日分の中から関係部分を掲載する（平凡社発行『東遊雑記』より抜粋）。
　「（略）一日市より豊岡（三種町）まで草地にして、八郎ガ沼（八郎潟）のほとりを通行。馬から男鹿の島

を見るに風景至ってよし。西南の方は広大な原にてすき間もなく、桔梗・かるかやの盛りなり。わずかに見えるとは違いて、一里余もある原に一面咲きしは至って見事にして、人びと馬をとどめて暫く詠めしことなり。この辺は言語解らず、馬卒（馬子）に所の名、あるいは花の名、または行程を問うに通ずること稀なり。無言にして笑うのみ。まま興もありしことなり。男鹿島は世に知る所にして、八郎沼の風景はいわん方なし。この沼の怪説多し。予が信ぜざることゆえ記さず」

◆**伊能忠敬**（1745〜1818）

　下総国小関村（千葉県九十九里町）生まれ。日本地図の作製のため全国を測量した。寛政12年（1800）の第1次測量から、文化13年（1816）の第10次測量まで行われた。この全行程を書き留めた記録が「測量日記」として残されている。これによると、秋田県に入ったのは享和2年（1802）の第3次測量である。江戸から陸奥の三厩（青森県外ヶ浜町）に向かい、往路、帰路とも秋田県内を通った。往路は7月15日に院内峠（湯沢市）を越えて県内入りし、羽州街道を進んで8月7日に矢立峠（大館市）から青森県に向かった。帰路は8月27日に大間越村（青森県深浦町）から県内に入り、日本海沿いを測量して9月12日に山形県に抜けた。往路、帰路合わせて県内には39日滞

在した。

　湖畔の部分を全面掲載する（文面は筆者の現代語訳である）。

「七月二十一日。（略）大久保村の内の新敷村（新関）を抜け大久保村に入る。土崎港町から三里二十一丁である。善兵衛家に八ツ（午後二時）前に着き止宿。家の数は二百五十軒あるという。この夜は晴天で、天測する。横手を出立した十八日頃から日々残暑が強まっている」

「七月二十二日。六ツ半（午前七時）頃に大久保村を出立。村を出ると右は田地が十二、三丁あり小山となる。左も田地で十丁ほどで八郎潟である。下虻川村は大久保村と半月交替で宿駅を担っている。津軽までを結ぶ主街道である。和田妹川村は家が八十軒で七カ所に分散している。右は山際で、左は田地が八郎潟まで十四、五丁ある。浜井川村は家の数が七十七軒である。ここで小休憩する。道の右遠方に北川尻村があり、田地が一里ほど広がっている。左に今戸村が遠くに見える。大川村は一日市村と半月交替で宿駅を担っている。村の入り口に大川の渡し場（馬場目川）がある。川幅は三十四間である。渡り終えると一日市村になる。大久保村からの道のりは二里十八丁で、本陣の百右衛門家で休憩。大変造りの良い家である。（中略）夜叉袋村は家数が百軒ほどで、道の両側に並んでいる。

左は八郎潟に近い。真坂村は家が七十六軒あり、八郎潟まで七、八丁ある。進むにつれて八郎潟が近くなり、三倉岬（三倉鼻）の坂の前では二丁ほどである。三倉岬の坂の上が秋田郡と山本郡の境界である。坂を越えると山本郡の最初の村、天瀬川がある。少し進むと家数五十軒ほどの鯉川村がある。山谷村は鹿渡村の内で、八郎潟まで五、六丁の所にある。一日市から二里二十丁で、鹿渡村に入る。家数が百軒ほどあり、宿駅を担っている。本陣の近右衛門家で休憩。造りが大変良い家である。浜村は鹿渡村の内である。続いて新屋敷村があり、村はずれの坂を上ると右に二、三丁四方の蓮沼があって用水に使用している。坂の上は平坦になっている」

「九月一日。（略）海岸から十七、八丁陸に入ると浜田村がある。肝煎の茂吉家で休憩する。浜田村は家が九十二軒あり、八郎潟の岸辺に所在している。休憩後また海岸に戻り測量する。釜谷村は大口村の枝郷で、家が四十軒である。この村だけは海辺に人家がある。大口村の家数は四十軒である。続いて家三十軒ばかりの芦崎村がある。宮沢村は野石村の枝郷で、浜田村から二里である。七ツ（午後四時）過ぎ嘉右衛門家に着き止宿。芦崎村までが山本郡、宮沢村から秋田郡である（略）」

「九月二日。朝六ツ半（午前七時）過ぎに宮沢村を

湖畔を訪れた文人の足跡 ● 195

出立。左にある八郎潟は幅四里、長さ八里という。水辺までは百間余りある。野石村は家が四十軒で、この辺も潟まで百間ほどである。福米沢村は家が七十八軒で、右が土手山、左が潟の水辺まで百間余りが田地である。本内村は家が二十四軒で、福米沢と似た地形である。松木沢村は家が二十四軒で、潟まで三丁ほどある。鵜木村の枝郷の道村は家が三十五軒ある。今は肝煎が置かれ、本村の鵜木村と同格である。宮沢村から一里二十六丁進み、鵜木村の大淵常右衛門家に午前中に着く。造りの良い家である。午後に福川までを測り、大淵家に止宿」

「九月三日。朝六ツ半頃に鵜木村を出立。角間崎村は家が三十七軒。福川村は家が十九軒で、三、四丁で潟である。右方十丁余りの所にある百川村は、寒風山の麓にある。払戸村は家が六十二軒で、潟まで四〜六丁である。鵜木村から三里で舟越村（船越）に入る。止宿先の西村栄助家に午前中に着く。舟越村の家の数は百九十五軒である」

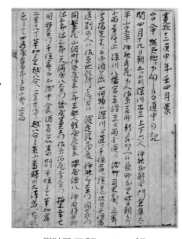

『測量日記』の一部
（千葉県・伊能忠敬記念館）

◆**イザベラ・バード**（1831 〜 1904）

　イギリス生まれ。オーストラリア、マレー半島、チベット、朝鮮などを旅し、その旅行記を出している。日本には明治11年（1878）年に訪れた。その時の記録が『日本奥地紀行』（平凡社）として出版されている。7月27日に鶴岡から秋田入りし、八郎潟の沿岸を進んで北上した。湖東部を通ったときの部分を掲載する。

　「（略）八郎潟は、狭い水路で海と連絡し、真山と本山と呼ばれる二つの高い丘に守られている。現在、二人のオランダ人技師が雇われていて、潟の能力について報告する仕事に従事している。もし莫大な費用をかけずに水の出口を深くすることができるならば、北西日本できわめて必要としている港をつくることができるのであろう。道路に沿って、広々として水田や多くの村々がある。この街道は、深い砂と、だいぶねじり曲がった古い松の並木道である（略）」

◆**幸田露伴**（1867 〜 1947）

　江戸生まれの小説家、随筆家。紀行文『易心後語』に、明治24年7月、三倉鼻を訪れた様子が述べられているので紹介する（国立図書館デジタルコレクションより仮名遣いを直して抜粋）。

　「（略）雪隈どれる浅翠の鳥海山を遥かの左に、招か

ば来べき深翠色の雄鹿寒風の山々を眼の前にして八龍王（八龍湖とは碑文の中に甕江翁の書けり）も棲みつべき漫々たる湖を瞰下せば、夕暮れ方の波烟り茫々として漁舸を籠め、斗字に張り出で乙字に彎れる崎やら浦やら田圃やら、陸地の都て青々たるも他所に類なく優しき景にて、あわれ一句をと枯腸しぼれど満月の詩趣に一念空しく、混沌として取り出で云うべき言の葉も無く、仮令芭蕉に句ありとも我れ首肯わずと思うのみなりき」（甕江翁＝漢学者・川田甕江）

## ◆正岡子規（1867～1902）

　松山市生まれの俳人・歌人。明治26年（1893）に奥羽の旅で8月11日に秋田入りし、象潟、本荘、秋田を経て人力車で一日市に着いて宿をとった。翌14日に三倉鼻を訪れ八郎潟を望んだ。この時の紀行文が『はて知らずの記』である。湖畔部分を紹介する（千葉三郎著『近代文学紀行』より抜粋）。

　「十四日、庭前を見れば始めて蕗葉の大なるを知る。宿を出て北すること一、二里、盲鼻（三倉鼻）に至る。邱上に登りて八郎湖を見るに、四方山低う囲んで細波渺々唯寒風山の屹立するあるのみ。三ツ四ツ棹さし行く筏静かにして心遠く思い幽かなり。　空高う入海晴れて鶴一羽」

## ◆田山花袋（1871～1930）

　群馬県生まれの小説家（「蒲団」「田舎教師」など）。明治36年（1961）9月、雑誌『太陽』に「羽後の海岸」を載せた。能代から男鹿、本荘、象潟、山形県酒田市に至る旅行記である。湖畔部分を掲載する（千葉三郎著『近代文学紀行』より抜粋）。

　「森岳駅を過ぎて、ようやく鹿渡駅に近づかんとするに及び、雄鹿半島を前にしたる八郎潟の姿は、次第にわが前にあらわれ来りぬ。あゝ何ぞその巨浸にして洋々海のごとくなる、あゝ何ぞその色の幽鬱(ゆううつ)にして、しかも中に無限の壮大を蔵したる。（中略）かの中央に聳立(しょうりつ)する山はまさしく有名なる寒風山と見る程に、雲は益々(ますます)低く舞い来りて、それすら遂に見えずなりぬ」

## ◆石田玲水（1908～1979）

　八郎潟町生まれの歌人。歌誌「寒流」の創設など県歌壇の興隆に尽くした。八郎潟町役場前にこの詩を刻んだ碑が建立されている。

　　《わがみずうみ》
　八郎潟はわがみずうみ
　わが少年の日の思い出は
　その水にあり
　その岸べの芦のそよぎに
　芦の中の葭切(よしきり)の声に

藻をもぐる魚の群れに
蒼(あお)き水底に棲むしじみに

八郎潟はわがみずうみ
われはそのほとりの町に生まれ
少年の日の夢
少年の日の憧れ
少年の日の感傷
みなここに育くまる

年経りて今
わがふるさとのみずうみを懐えば
春の日の
なごやかな風湖上を吹き
夏の日の輝きに少年の声あり
また打瀬舟の白き帆は
秋風の中にはらみ
真白き雪原に
点々と網ひく漁夫の一群あり

げに少年の日に食いたりし
若さぎ、ふな、ごり、白魚のたぐい
今もわが味覚をそそり
わが食卓に

ふるさとの魚ののるとき
血汐たちまち蘇る

朝焼けのみずうみ
夕焼けに染まりし雲の色
雨にけぶりし男鹿の山々よ
四季はその水にあり
四季はその山にあり
四季はその雲にあり

八郎潟は
わがみずうみ
水ひろびろとして
飛ぶ鳥は高からず

今日来りて
みずうみのほとりに佇てば
風は岸べの芦をそよがせ
芦とりて笛をつくり
その笛を吹けば
へょうへょうとして
遥か少年の日に
かえりゆくが如し

## ◆松岡正樹（1936〜）

　秋田市生まれ。平成9年、村の「文化情報発信者」に認定され大潟村に移る。八郎湖水質改善サロン代表。父親の転勤（教師）により小中学生時代を男鹿市で過ごす。秋田高校長、大潟村教育長などを歴任。

　《よみがえれ　八郎湖よ》
　少女は浅瀬で泳いだ
　風は潟の夏の匂いを運んできた
　そっと足でシジミ貝を探ると
　赤い可憐な花をつけた
　　　青い藻が
　　　　ゆらゆら揺れていた


　僕は潟舟を漕ぎだした
　僕のまわりを
　ボラが群れをなして
　跳ねていた
　フナ・ハゼ・タイ・ヒラメを釣った
　父と二人でウナギも採った


　思い出は遠くかつ美しい
　思い出は限りなく人を透明にする
　　だがいつまでも郷愁に浸るのは
　　　もうよそう　ときどきにしよう

「もし干拓がなかったなら……」
　　　というのはもうやめよう
歴史を学ぶのは
　　　未来を創るためにあるのだから

真昼の太陽は
　　もう昇っているではないか
希望に満ちた未来が
　　そこまで来ているのに

何をためらっているのか
　　何をぐずぐずしているのか

きらめく新生八郎潟のために
　　　勇気を出して立ち上がれ

# 4章　湖畔余話

　湖畔には珍しい話やとどめておきたい話が幾つかある。18話を掲載する。

## 1 義民・佐藤弥惣右衛門が解決した境界は？

　秋田郡野石村（男鹿市野石）と山本郡芦崎村（三種町芦崎）は、古くから境界争いが絶えなかった。元禄の頃、御用船が難破して、両村の境界付近の浜に難破した。近隣の人たちが積み荷を争って奪い、近くの松林に隠した。それが役人に知られ、隠した品物が見つかってしまった。芦崎の肝煎（村の長）は罪を恐れ、隠した場所は野石の土地であり、芦崎村民は関係していないと偽証した。そのため、野石村肝煎の弥惣右衛門は役人に呼び出されて厳しく追及された。弥惣右衛門は、長年の境界紛争が解決し、永久に野石村の土地として認められるようにしたいと思い、身代わりになって罪をかぶった。元禄7年（1694）野石村天山で処刑された。

　語り継がれている佐藤弥惣右衛門の義民説は、おおよそこのような内容である。だが「境界争いをした地区はどこか」「難破船が漂着した場所はどこか」となると具体的に伝わっていない。つまり、今では伝説に近い感じになっている。筆者は史実として正しく伝えるべきだと思い調べてみた。

　資料を探していたところ、昭和15年発行の「天山古墳」が見つかった。作者は野石字八ツ面出身の七夕虎雄氏で、多くの古文書を駆使し、研究発表のような内容に仕上げている。今から約80年前のものとは思

われないほど、よく整理されており、筆者はこれを全面的に採用したい。

「天山古墳」を基に、内容を簡潔に整理すると次のようになる。

① 境界争いをした土地は、柳原から大谷地までの広い範囲であった。野石村は大谷地までを主張、芦崎村は柳原までを主張して意見が対立していた。これは単なる野石村、芦崎村の問題ではなく、秋田郡（現南秋田郡）と山本郡の郡境争いでもあったため、問題を余計大きくしていた。

② 難破船が漂着した場所はオデンの谷地（柳原付近）で、積み荷を隠した場所は、玉の池付近の松林と推測される。

③ 弥惣右衛門が処刑された8年後の元禄15年（1702）、野石側役人の小瀬平内と芦崎側役人の根本庄右衛門との間で「墨引図面」が作成され、野石の境界は大谷地までとする弥惣右衛門の言い分が正式に決まった。

④ このことは、享保15年（1730）の「六郡郡邑記（ぐんゆうき）」に「野石村七十六軒。支郷に猿川村七軒、八面村八軒、萱根村八軒、追留村六軒、葛ヶ台村四軒。山本郡との境界は、浜辺はザンザウ木より中の黒、山中は姥林、潟は小鼻切に候（そうろう）」としっかり記述されている。

〈注釈：萱根村は大谷地、追留村は追泊、葛ヶ台村は五明光の古名〉

⑤ その後、芦崎村から返還運動が起こり、宝暦２年（1752）に大谷地と追泊の両集落が芦崎村になった。
〈注釈：船越生まれの鈴木重孝が著した嘉永５年（1852）の「絹篩（きぬぶるい）」に「宝暦２年（1752）より、萱根村、追留村は山本郡に編入される」とある〉

以上のことから、弥惣右衛門が解決した土地は、柳原、石田川原、五明光、追泊、大谷地を野石村分としたのである。後に、追泊と大谷地の両集落を芦崎に返したが、海岸部はそのまま野石の土地として残している。地図を広げると、海岸部の境界が大谷地付近まで入り込んで男鹿市野石になっている。このことが何よ

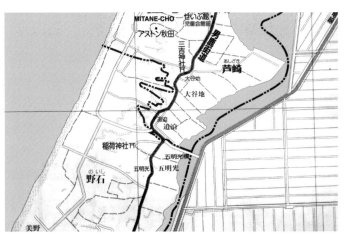

男鹿市（野石）と三種町（芦崎）の境界付近の地図

りの証拠である。地図を眺めていると、300年前の出来事がよみがえってくるような気がする。

## 2 「渡部村村法」とはどのような内容だったのか

　渡部家の正門前に立つ安政3年（1856）の村法碑は、石柱の四面にびっしり文字が刻まれている。風化して読み取れなくなっていることもあるが、全文が漢字のため現在の人には読解が困難である。解読文が『若美町史資料』に掲載されているので、23カ条のうちの一部を意訳して紹介する。

① 　法度を犯さぬこと。火の用心第一につき、毎晩油断なく村を回ること。

② 　米、金銭の貸借や質入れは行わないこと。万一発覚したときは、元銭の十倍の科料(とが)をとり、中（中規模）以下の百姓に分配すること。

③ 　田地五百刈以下の者は田を売ることを禁ずる。やむをえない場合は備荒米・銭で救済すること。

④ 　田地五百刈以上ある者が売るときでも他村へは売らないこと。

⑤ 　誰であろうと保証人にはならないこと。

⑥ 　村の家数は百五戸を限度とし、一戸たりとも増やさないこと。内九十戸は農家、十五戸は職人・商人、三戸は潟端守(かたばたもり)（生活に困る人を湖岸に住まわせ、岸に漂う流木集めや湖岸の埋め立てを行い耕地を造る

などさせて救済した)。
⑦　盗み、博打のほか法度を犯した者は、家屋敷を取り上げ、村を追放すること。
⑧　酒飲み、遊興、碁、将棋、風雅の道、遊芸、勝負事に心を傾け、家業を怠る者は科料を科すこと。
⑨　よそ者を泊める場合は、一泊のときは名前を書き役所に届けること。二泊以上のときは用件を書き五人組頭を経て届けること。
⑩　田植は五人組二組までとし、商人は留守番を残して全員作業に出ること。

等々の内容である。現在の世の中では、実行は無理かもしれないが、この精神は多いに学ばなければならないのではないだろうか。

渡部家正門の村法碑

## ③ 菅江真澄と渡部斧松との出会いはあったか

　菅江真澄（1754〜1829）は文化元年（1804）9月5日、鵜木の大淵常右衛門家に泊まり、翌日、大淵家の案内で、滝の頭を訪れている。渡部斧松（1793〜1856）が滝の頭から本格的に引水工事を行ったのは文政5年（1822）であり、18年後のことである。年齢も39と親子以上の開きがあること、真澄の著書の中には斧松の記載が見当たらないことなどから2人の出会いはなかったと推測する。

## ④ 伊能忠敬が泊まった家

　伊能忠敬が日本地図作成のため湖畔を訪れたのは、第3次測量の享和2年（1802）である。このことについては、文人たちの足跡の項で述べた。湖畔では4軒の家に宿泊している。

　この4軒は、潟上市大久保の鎌田善兵衛家（7月21日）、男鹿市野石の榮田嘉右衛門家

寛政2年建立の榮田家の庚申塔

（9月1日）、同鵜木の大淵常右衛門家（9月2日）、同船越の西村栄助家（9月3、4日）である。この家々は現在も存在している。鎌田家は4kmほど離れた大久保北野白州野に移転し17代目の子孫が生活している。榮田家、大淵家、西村家は、いずれも同場所で子孫が生活している。

### 5 男鹿半島の鹿はいついなくなったのか

　前述した縄文遺跡の「萱刈沢貝塚」「角間崎貝塚」からは鹿の骨や角が発見されている。このことから湖畔には古くからニホンシカが生息していたことが分かる。もちろん男鹿半島にも多くの鹿が棲（す）んでいたようだが、佐竹氏が秋田に入った頃は鹿がいなくなっていた。鹿は肉が食用、皮が武具用として貴重なものだったので、狩り尽くされてしまったといわれる。

　『男鹿市史』によると、2代藩主佐竹義隆は鹿を数頭男鹿の山に放ち、3代藩主義処（よしずみ）の延宝年間（1673〜80）には捕獲が禁止されたとされる。保護政策の結果、その後の増殖が著しく、農作物や樹木などを食い荒らすまでに増加した。宝永3年（1706）から秋田藩の代官の指揮により大がかりな鹿狩りが行われた。藩が討ち取った鹿の頭数は、正徳2年（1712）が3000頭、享保15年（1730）が8000頭、宝暦4年（1754）が9220頭、安永元年（1772）が2万

7100余頭と記録されている。

明治になって猟銃で鹿狩りが行われるようになり、明治末期にはほとんど姿を消した。昭和20年頃の目撃情報が最後だったとされる。

## 6 五城目町の飛び地

八郎湖に面した馬場目川の河口付近に五城目町飛地という珍しい区域がある。飛地とは、他町村の土地が間にあり、接続していない土地をいう。地図を見ると確かに馬場目川の河口の南側にある場所は、井川町の土地が数十m入り込んでいるため途切れている。この飛地の面積は約72haで、33haが従来からの土地、35haが八郎潟干拓事業で誕生した東部干拓地という。地名は、大川大川字上潟端、同字下潟端、同字稗田崎、同字潟崎の4地区になっている。

飛地については『五城目町史』にも触れられておらず、今では知っている人がいないようである。

藩政時代から八郎潟の湖岸は近くの集落の人たちによって埋め立てや干拓が盛んに行われてきたという。このようにして新しく造られた田んぼは、「シンタ（新田）」「ヒラキ（開き）」などと呼ばれ、湖畔全部で2000haと推定されている。

この飛地は、藩政時代に大川集落の人たちが湖岸を開田して造成した土地だったと推測される。明治に

なって登記制度の施行により、大川村の住民が登記し、明治22年（1889）の大川村発足では同村の飛地となり、昭和30年の合併後は五城目町の飛地として受け継がれて今日に至っているようである。

## 7 「高岳山」と「森山」の常夜灯は本当に灯台の役割を果たしたか

　高岳山の登山口の説明板に「（略）中の鳥居の石灯籠は、高さ約2.5メートルの永久常夜灯で、かつて八郎潟を往来する船にとって灯台の役目を果たした」とあり、ある郷土史の本にも、これと同様の記述がある。おそらく説明板を引用したものであろう。

　常夜灯とは石灯籠の一種で、灯明を点す構造になっている。とすると、夕方になるとロウソク（灯明）を点すため、毎日誰かが山に登ることになる。集落の人たちが当番制で実施したのだろうか。筆者はふと疑問を持ち、浦大町の郷土史に明るい方に尋ねてみた。この方が言うには、「灯明を点すのは年末年始か例大祭ぐらいだったと思う。参拝は日中のため、夕方になると灯明は燃え切っていたはず…」と語る。

　また、森山については、別の本に「かつて八郎潟で漁をする漁師たちには、昼の森山はその姿を目標に、夜は山頂の常夜灯を灯台代わりにしたという」とある。漁師を長年経験した一日市の方から聞いてみたところ

「森山の灯火を灯台代わりにしたことはない」という。灯明を毎日点すことは高岳山以上に無理があるのでないだろうか。

確かに昭和32年に第2高地に希望の塔が建設され、夜は希望の灯が点灯するようになったが、昭和38年に八郎潟干拓の堤防が完成しているので、この5年余のことを指すのであれば話はオーバーである。

文章を書く場合、参考文献から引用することが少なくない。最初のものが誤っていると、どこまでも間違いが続くことになるので、注意しなければならないことである。

## 8 3度も名称が変わった八郎潟駅

当初、奥羽線は五城目町を通る計画で進められたが、荷馬車業者などから反対の声が湧き起こったため、一日市に駅を開設することに決まった。ところが、決定した後に五城目の態度が一転し、駅誘致運動へと変わった。困った鉄道省（現国交省）は、一日市に駅を置くかわりに駅名を「五城目駅」とすることで事態を収拾し、明治35年（1902）8月に開業した。

その後、実情に合った駅名にとの声が高まり、大正14年（1925）11月「一日市駅」に改名された。そして、昭和40年6月、再び時代に合った名前にと「八郎潟駅」に変更した。このようにして3度も駅名が変わったの

である。

### ⑨ 秋田中央交通五城目軌道線

　前述したように奥羽線は五城目町を通る計画で進められたが、地元住民の反対運動により取りやめになった。ところが、奥羽線が開通すると、一転して我が町にも鉄道をという声が高まった。

　そして、奥羽線が開通してから20年後の大正11年（1922）に五城目軽便軌道として開通した。駅名は現在の八郎潟駅が五城目駅だったため、東五城目駅であったが、大正14年（1925）に五城目駅に改称した。総延長は約4kmで、途中に川崎停留所と矢場崎停留所の二つの無人駅が設けられた。昭和25年1月、レー

今も残る川崎停留所のプラットホーム

ル幅が国鉄（現ＪＲ）と同規格に改められ、同時に電化（直流600V）された。奥羽本線の電化が昭和46年であるので、相当早い時期に実現している。

　昭和18年からは秋田中央交通の経営となり、昭和44年7月1日廃止された。川崎停留所のプラットホームは現在も姿をとどめている。

### 10 町村合併における旧面潟村の分町

　昭和31年9月、一日市町と面潟村が合併して八郎潟町が誕生した。しかし、五城目町編入を希望する面潟地区の一部住民が納得せず、分町問題は五城目、八郎潟両町間の政治的トラブルに発展した。県の町村合併調整委員による調停不調。八郎潟町が行った住民投票は開票時の不明朗さや開票立会人の自殺などの騒動があり、県選管は投票無効と裁定した。

　目まぐるしい動きを経て、同33年3月に再投票を行った。その結果、分町賛成542、反対（現状維持）21となり、面潟地区の浦横町、岡本、野田、浦大町字小立花、浦大町字鐙沢の五城目町編入が正式に決まった。この間、スピーカー、ポスター、ビラ、立て札などの宣伝合戦が続いた。また、五城目小への児童集団編入などがあり、混迷を極めた。（昭和60年の秋田魁新報「市町村合併から30年」より抜粋）

## 11 丸ごと檀家を離脱した浦大町集落

　八郎潟町浦大町にある常福院には、寺門の左手に6体の首なし地蔵尊が並んでいる。これは明治初期に起こった「廃仏毀釈(はいぶつきしゃく)」によるものという。廃仏毀釈とは神道を重んじ仏教を排斥(はいせき)する運動で、明治新政府の方針であった。浦大町では、120戸を超える集落全戸がお寺を離脱して神道に改宗するとともに、石仏を廃棄したり地蔵尊の首を切ったりの行為に及んだとされる。集落こぞっての改宗は秋田県には例がないという。

　首が切られた地蔵尊は、常福院以外にも見られる。筆者が湖畔で見つけた地区を挙げると、八郎潟町羽立、五城目町黒土、大川、石崎、谷地中、滝ノ下、男鹿市松木沢、三種町市野である。

常福院の首なし地蔵尊

## 12 八郎潟干拓事業によって姿を消した筑紫岳

　筑紫岳は三倉鼻のすぐ隣にあった標高約 150m の山であったが、八郎潟干拓事業の石材採取のため姿を消した。

　天瀬川磯前神社の記念碑に「磯前神社は、海抜 150 メートルの筑紫岳の頂上に鎮座していましたが、昭和 33 年、農林省より八郎潟干拓事業の護岸用の石材採取用地に指定され、同省の補助により現在地に移転しました。平成 15 年より境内及び参道の整備を施工するとともに記念広場を造成しました」と記されており、かつての筑紫岳を知ることができる。

　採石場は現在（平成 30 年）も稼働しており、海抜マイナスまですり鉢状に掘り下げられている。

昭和 38 年頃の筑紫岳（大潟村・小野紘紀氏撮影）

## 13 東部承水路に浮かぶ「中の島」

　三倉鼻・夫殿の洞窟の北西方向に、三倉鼻農村広場があり公園風に整備されている。広場西側の東部承水路に 10 本ほどの木が大きく生えている島がある。これは中の島と呼ばれ、残存湖（東部承水路、西部承水路、八郎湖）にある数カ所の島のうち木が生育しているのはここだけである。人手が入らない自然は、野鳥にとって格好の生息地で、多くの鳥が集まっている。

　この島は、八郎潟干拓工事の際に筑紫岳から切り出された石材を運ぶ船の発着場の波除けとして造られたものである。その後、近辺の河川から運ばれた土砂が堆積し、次第に草木が生えて現在の姿になったのである。

## 14 湖が隆起してできた富岡集落と久米岡集落

　三種川と鵜川が合流して東部承水路に注ぐ河口付近に、富岡集落と久米岡集落がある。正確な地名は富岡新田、久米岡新田である。新田という地名は、新しく開発された土地を指す場合が多い。富岡、久米岡も同様で、元禄 7 年（1694）の能代地震で八郎潟が隆起してできた土地である。「元禄七郡絵図」には、沖合に隆起した場所が図で示されている。同 13 年（1700）から開墾が始められ、次第に近隣集落から移住するようになって現在の姿になった。

## 15 「打瀬船網漁」を伝えた坂本金吉は歌手・坂本九の祖父

　坂本金吉氏は明治の中頃、茨城県霞ヶ浦から三種町芦崎に移住し、同地区の漁民に「うたせ船網漁」「ウナギのはえ縄漁」などを伝えたほか、ワカサギの新加工法も教えた。妹のチヨさんと長男の寛（ゆたか）氏は浜口小学校芦崎分校（平成11年閉校）で学んだ。大正初期に神奈川県川崎市に移転した。

　長男の子供が歌手の坂本九である。つまり金吉氏は九ちゃんの祖父である。昭和44年、芦崎分校90周年記念の際、九ちゃんから舞台の垂（た）れ幕が寄贈された。翌年には分校を訪れ、地域の人たちに伴奏なしで数曲披露したという。

## 16 大潟村の地名は、なぜ北側を「方口」と呼ぶのか

　八郎潟に面した地区の名前が文献に初めて登場するのは、平安時代の「三代実録」であり、方口（浜口地区）、河北（鹿渡地区）、大河（一日市、大川地区）、姉刀（あねたち）（五城目地区）、堤（井川地区）、方上（昭和、天王地区）などが見られる。大潟村の「方口」「方上」の地名は、これに由来している。

　方口は潟口であり、八郎潟の水が日本海に流出する口（水路）を表している。現在は船越水道から日本海に流れ出ているが、今から2000年ほど前までは野石

地区（男鹿市）から浜田地区（三種町）の方向にも水路があったとされる。

　ところで、この水路はどの場所だったのだろうか。地形からみて筆者は３カ所をあげたい。一つは「砂丘温泉ゆめろん」の南側である。西部承水路と海との距離が近いし、地形も明らかに低くなっている。この地区は「大口」の地名である。昔、大きな口（河口）があったことから名付けられたのではないかと推測する。二つは、下五明光である。ここも同様に、水路があったような低い地形になっている。三つは、柳原、玉の池、石田川原付近である。石川理紀之助は明治30年の「潟西村旧蹟考」で、興味深いことを述べている。それは、「柳原は元河川敷であった」「玉の池には、昔、川の残りと思われる大きな池があった」「石田川原には川岸と思われる所が今も見られる」という内容である。

　このように、数カ所に流出口があったようだ。秋田地学教育学会会員の渡部晟（あきら）氏（潟上市）は「最後まで残った水路は、柳原付近と推測される」と語っている。

　ちなみに、潟上市の名称は方上に拠（よ）ったようである。

## 17　土砂が堆積して閉ざされた旧船越水道の銚子口

　前の項では2000年ほど前のことに触れたが、ここでは現在のことについて述べる。今の船越水道は昭和39年にショートカットされ、真っ直ぐに日本海につ

ながっているが、以前は八竜橋のやや下流から南に折れ、3kmほど蛇行して江川集落の南西側から海に注いでいた。

旧水道の大部分は今も残っており、江川漁港などに利用されている。だが、河口付近の300mほどは土砂が堆積し、雑草や松が生い茂って河口跡が分からなくなっている。

かつて地域の人たちは河口付近を"銚子口"と呼び、天王、船越両地区の漁業者の間では古くから「日本海の漁場の境界は銚子口の真ん中とする」との取り決めがあったという。この銚子口の跡が不明になってしまったため、天王漁協と船越漁協の両組合は平成21年に紅白のコンクリート柱を2本建てて境界の目印に

銚子口に立つコンクリート柱

した。これは八郎潟の水がこの場所から海に流れ出ていたことを示す証左にもなっている。

### 18 政治問題になった国道７号の路線変更

　藩政時代の羽州街道は、新屋敷（鹿渡）から森岳、桧山と進むルートだった。明治18年（1885）に国道の路線表示があり、国道41号になった。

　ところが、２年後の同20年、秋田県会議長から内務大臣あてに、新屋敷から鵜川、能代を通る路線変更の建議書が提出された。これをめぐって、反対派の議員が強く抗議し県会が紛糾した。このため同22年（1889）１月21日、内務大臣から解散を命じられた。解散後の県会は鵜川、能代路線を支持し、同23年に国道は今のルートに決まったとされる。現在の国道７号にはこのような話が秘められている。

## 参考文献及び引用資料
### 【文献】
『若美町史』(若美町・昭和56)
『若美町史資料』(若美町・昭和52)
『若美町の石造物』2〜5巻(若美町教育委員会・平成7〜12)
『ふるさとまんが人物伝』(小松進作画、若美町教育委員会・平成9)
『男鹿市史』上巻(男鹿市・平成7)
『天王町誌　天王 自然と人のあゆみ』(潟上市・平成22)
『昭和町誌』(昭和町・昭和61)
『飯田川町史』(飯田川町・平成12)
『古里のしおり』(飯田川町文化財保護審議会・昭和53)
『井川町史』(井川町・昭和61)
『五城目町史』(五城目町・昭和49)
『新・五城目町歴史散歩』(五城目町教育委員会・昭和63)
『八郎潟町史』(八郎潟町・昭和52)
『琴丘町史』(琴丘町・平成2)
『三種町琴丘地域石材造形物』(琴丘文化財保護協会・平成26)
『琴丘町の古木名木』(琴丘町教育委員会・昭和57)
『歴史・民俗をたずねて』(平塚重光著・昭和62)
『八竜町郷土誌 竜騰』(平成17)
『八竜町の名木古木』(八竜町教育委員会・平成5)
『八竜の神社』(八竜町教育委員会・平成7)
『大潟村史』(大潟村・平成26)
『角川日本地名大辞典・5秋田県』(角川書店・昭和55)
『秋田県の地名』(平凡社・昭和63)
『秋田大百科事典』(秋田魁新報社・昭和56)
『秋田人名大辞典』(秋田魁新報社・昭和49)
『久保田領郡邑記』(柴田次雄編著、無明舎出版・平成16)

『秋田の歴史』（新野直吉著、秋田魁新報社・昭和57）
『菅江真澄遊覧記5』（平凡社・平成2）
『秋田県近代総合年表』（無明舎出版・昭和63）
『思い出のアルバム南秋田郡』（無明舎出版・昭和56）
『秋田の巨樹・古木』（秋田県緑化会員委員会・平成20）
『羽州街道』（建設省能代工事事務所・平成2）
『羽州街道をゆく』（藤原優太郎著、無明舎出版・平成14）
『庚申』（藤田栄子著、秋田文化出版・平成6）
『秋田県の歴史散歩』（山川出版社・平成20）
『各駅停車　秋田県』（秋田魁新報社・昭和56）
『新あきた風土記　中央編』（秋田魁新報社・昭和58）
『八郎潟と八郎太郎』（天野荘平著、谷口吉光解説・平成22）
『秋田のお寺』（秋田魁新報社・平成9）
『秋田県曹洞宗寺伝大要』（大坂高昭著、無明舎・平成8）
『秋田県謎解き散歩』（野添憲治編著、新人物往来社・平成24）
『豊川タールピット物語』（佐々木榮一著・平成29）
『とうほく廃線紀行』（無明舎出版・平成11）
『秋田県の力士像』（渡辺修著・平成30）

【新聞】
「秋田魁新報」

【パンフレット、案内書】
「三種町ロードマップ」（三種町商工観光交流課）
「男鹿半島ジオサイトマップ」（男鹿市教育委員会・平成28）
「脇本城跡」（男鹿市教育委員会・平成26）
「八郎潟町周辺市町村　観光案内」（八郎潟町産業課）
「八郎潟町」（八郎潟町観光協会、八郎潟町産業課）

「浦城」（浦城の歴史を伝える会）
「森林資料館　五城目城」（五城目町）
「潟の民俗展示室」（潟上市教育委員会）
「国指定重要文化財　小玉家住宅」（潟上市教育委員会）
「東湖八坂神社祭　統人行事」（天王町教育委員会）
「さんぽマップ in 払戸」（男鹿市教育委員会）
「さんぽ MAPin 船越」（同）
「井川町歴史民俗資料館」（井川町教育委員会）
「ようこそ花と緑のステージへ」（昭和町）
「五城目ガイドマップ」（五城目町観光協会・平成 23）
「潟上市郷土文化保存伝習館（石川翁資料館）」（同伝習館）
「生態系公園」（生態系公園管理事務所）

## あとがき

　私が青年時代に過ごしたふるさとの村（現由利本荘市）は30戸前後の小集落が散在していた。100戸を超える集落は地区の拠点として小学校、郵便局、警察の駐在所などがあった。

　このようなふるさとのイメージが頭にあったので、船越、大久保、一日市、鹿渡などの市街地を除けば、湖畔の集落も似たようなものだと長年思いながら過ごしてきた。ところがどうして、100戸以上の集落がほとんどで、途切れなく家々が続いていることを今回知った。私は40代から県内を探訪してきたが、このように民家が密集している所は、農村部ではほかに見当たらない。

　また、耕地に恵まれていることも改めて知った。湖東平野の広さは県内有数だし、潟西部の平坦で広大な畑地（海岸寄りの台地）は県内屈指である。耕地と八郎潟の水産物に恵まれ、湖畔の村々は昔から豊かな生活を送ってきたことであろう。この立地条件の良さが、縄文遺跡の多さや板碑・石造物の多さなどにも表れているものと思う。

　私たちは先人が残した遺産の数々を改めて認識し、後世に伝えていかなければならないと思う。これには

標柱・説明板を設置して喚起することや小中学生のふるさと学習の充実などが大切ではないだろうか。

　今回も多くの人たちとの出会いがあった。ご協力いただいた方々には深く感謝申し上げます。また。編集、校正でお世話になった秋田文化出版編集部長の渡辺修さんにもお礼申し上げます。

---

**著者略歴　佐藤晃之輔**（さとう・こうのすけ）
　1942年、秋田県由利本荘市東由利老方字祝沢に生まれる。
　1970年11月、第4次入植者として大潟村に移る。農業。
〈所属団体〉　秋田ふるさと育英会代表
　　　　　　秋田県発明協会会員
　　　　　　秋田県歴史研究者・研究団体協議会会員
　　　　　　菅江真澄研究会会員
　　　　　　秋田県文化財保護協会会員
〈著　書〉　『秋田・消えた村の記録』（1997・無明舎出版）
　　　　　　『秋田・消えた分校の記録』（2001・同）
　　　　　　『秋田・消えた開拓村の記録』（2005・同）
　　　　　　『伊能忠敬の秋田路』（2010・同）
　　　　　　『祝沢・分校と部落のあゆみ』（1994・私家版）
　　　　　　『高村分校の軌跡』（1996・同）
　　　　　　『小松音楽兄弟校歌資料』（2003・同）
　　　　　　『秋田・羽州街道の一里塚』（2013・秋田文化出版）
　　　　　　『秋田・消えゆく集落180』（2017・同）
　　　　　　『秋田・ダム湖に消えた村』（2017・同）

## 秋田・八郎湖畔の歴史散歩

2018年11月20日　初版発行

定価（本体1,500円＋税）

著　者　佐藤　晃之輔

発　行　秋田文化出版㈱

〒010-0942
秋田市川尻大川町2-8
ＴＥＬ（018）864-3322（代）
ＦＡＸ（018）864-3323

＊

©2018 Japan Konosuke Sato
ISBN978-4-87022-584-8
地方・小出版流通センター扱